프랑스 미식 기행

차례
Contents

프롤로그: 식탁으로의 초대

'Dis-moi ce que tu manges, je te dirai qui tu es(네가 뭘 먹는지 말해주면, 네가 누군지 알려주겠다).' 유명한 이 구절은 『맛의 생리학*Physiologie du goût*』이라는 책의 저자로 알려진 프랑스의 미식가이자 철학자였던 장 앙텔름 브리야사바랭Jean Anthelme Brillat-Savarin (1755~1826)이 자신의 저서에 인용하여 쓴 말이다. 이 구절은 귀족은 기름진 음식과 흰 빵을 먹었고, 농민은 거친 흑빵을 먹었던 옛날의 사회적 위계질서에 따른 식탁의 불평등을 빗대어 풍자적으로 표현한 경구였지만 오늘날에 와서는 한 나라의 문화에서 음식이 차지하는 중요성을 보여주고 있는 단순 명쾌한 구절이 되었다.

이 구절을 바꿔서 생각해 보면 '나는 네가 뭘 먹지 않는지 알려 준다 해도, 네가 누군지 말해 줄 수 있다'고 해석할 수도 있을 것이다. 자연스러워 보이는 식재료나 음식이 어떤 나라에서는 관습이나 종교적인 이유로 금기시될 수도 있기 때문이다. 예컨대, 한일 월드컵이 열렸던 2002년을 뜨겁게 달궜던 개고기 공방攻防을 보더라도, 개고기가 어느 나라에서는 먹을 수 있는 음식이 되는 반면, 다른 문화권에서는 그것이 이해하기 힘든 상황으로 여겨질 수도 있음을 알 수 있었다.

그러나 단순히 개고기만 놓고 보았을 때 다른 문화권의 사람들은 납득하기 어렵다 해도, 개고기를 먹는 나라의 역사적·문화적 배경을 통해 이해하려 한다면 상황은 달라질 것이다. 우리나라에서는 돼지 이외의 육류가 항상 부족한 상태였고, 낙농업을 할 수 있는 좋은 조건을 갖추고 있지도 않았다. 그 때문에 어쩔 수 없이 야채 중심의 식생활을 하게 됐고, 쉽게 찾아볼 수 있는 개가 귀중한 단백질 공급원으로 제공된 것은 당연한 이치였던 것이다.

어느 한 나라의 음식 문화를 알아간다는 것은 그 나라의 역사와 문화를 이해하는 또 다른 방법일 것이다. 음식은 인류의 생활과 생존에 있어서 빼놓을 수 없는 요소임과 동시에 문화적인 행위이기 때문이다. 각 문화는 생태학적 적응을 통해 특유의 식습관을 발달시켜왔으며, 그로 인해 각 문화에는 고유한 식습관이 존재한다는 문화상대주의적인 관점에서 본다면 바퀴벌레를 먹는 종족에 대해 우리가 가질 수 있는 혐오감이나, 개고기를 먹는 우리에 대해 서구인들이 느낄 수 있는 거부

감은 서로에 대한 부당한 편견일 따름이다. 어차피 식문화는 각자의 생태학적 조건에 따른 적응의 결과이며, 시간이 가면서 계속 변화하기 때문이다.

언젠가 필자에게 한 친구가 물어왔다. 유명한 프랑스 요리에는 뭐가 있는지 궁금하다는 것이었다. 그와 이런저런 이야기를 나누면서 필자는 프랑스 요리에 대해 가지는 한국인들의 일상적인 편견을 그 친구도 고스란히 가지고 있음을 알 수 있었다. 프랑스 요리는 무척 비싸고, 고급스럽고, 기름지고, 우리 입맛에 잘 안 맞을 것이라는 그럴듯한 상상에서 비롯된 이런 편견을 깨뜨려 주고 싶었지만, 딱히 해줄 수 있는 말이 막상 떠오르지 않았던 기억이 있다. 제대로 된 프랑스 요리를 정직한 맛과 가격으로 제공하는 레스토랑으로 그 친구를 초대하고 싶었지만, 그런 적합한 레스토랑이 별로 없다는 것이 참으로 아쉬운 순간이었다.

이제 이 글을 통해 그때의 답을 대신하고 싶다. 필자는 파리를 기점으로 하여 프랑스의 이곳저곳을 여행할 때 각 지방에서 만나게 되는 음식과 특산물, 그리고 그것에 얽힌 역사와 문화적인 배경들을 이 글에서 이야기해보려 한다. 또한 요리사의 창의성에 의해 변화무쌍하게 창조되는 현대 프랑스 요리의 흐름에 대해서도 이야기해보겠다.

잘 알지 못하는 다른 나라의 음식을 먹어보는 것은 마치 새로운 곳을 여행하는 듯한 짜릿함을 안겨준다. 이 책을 읽어나가면서 간접적으로나마 프랑스 미식의 정수를 맛볼 수 있기를 기대해 본다.

자, 이제 함께 식탁으로 가자. 아 타블!À table!

미식을 향한 프랑스 요리의 역사

　프랑스 하면 떠오르는 여러 가지 이미지들이 있다. 패션쇼장에서 늘씬한 모델들이 입고서 자태를 뽐내는 최신 유행의 오트쿠튀르haute couture, '명품名品'이라는 단어로 통하는 유명 상표를 단 가방, 향수, 액세서리 등과 같은 사치스런 상품들, 그리고 거기에 빼놓을 수 없는 것이 바로 프랑스 요리다.

　이미 오랫동안 미식가들로부터 극찬을 받아온 프랑스 요리는 런던, 뉴욕, 도쿄 등 세계의 주요 도시에서 최고의 요리로 대접 받고 있다. 프랑스에서 연상되는 이미지들이 모두 고급스럽고 값비싸다는 편견 때문인지, 사람들은 프랑스 요리 역시 무척 비싸고 고급스럽다고 느낀다. 정말로 프랑스 사람들은 매일 그렇게 비싼 음식만 먹고 사는 것일까? 답은 '아니요'

이다. 실제로 프랑스인들이 먹는 일상의 음식은 고급스러움과는 거리가 멀다. 이것은 마치 프랑스 사람들이 오트쿠튀르를 입고, 사치스런 가방에 신발을 신고, 고급 향수에 파묻혀 사는 게 아닌 것과 같은 이치이다.

점심시간이 되면 긴 바게트baguette빵 사이에 햄과 치즈 등을 넣은 샌드위치를 사서 공원 벤치에 앉아 먹거나, 노천 카페나 비스트로에서 우리말로 '오늘의 특선 메뉴'라는 뜻의 플라 뒤 주르plat du jour와 같은 일품요리를 시켜 먹는 프랑스인들을 쉽게 발견할 수 있다. 일터에서 집이 가까운 경우엔 긴 점심시간을 이용하여 집으로 돌아와 고기를 갈아 다져 만든 스텍카세steak haché에 감자튀김이나 야채를 곁들여 먹거나, 간단하게 삶아낸 파스타에 소스와 치즈를 얹어 먹기도 한다. 소박하기 그지없지만 자신의 식사를 느긋하게 즐기고 있는 그들을 보고 있노라면 진정한 미식가적 기질을 느끼게 된다.

일례로 우리에게 낯설지 않은 프랑스 고속열차인 테제베TGV를 타고 여행을 한 적이 있었는데, 점심시간이 되자 여행 중이던 프랑스인들은 열차 안에서 각자 준비해온 간소한 점심을 먹기 시작하였다. 전채前菜로 샐러드를 먹고 본식으로 샌드위치를, 그리고 후식後食으로 요거트와 과일까지 챙겨먹는 모습을 보면서 우리가 기차여행에서의 단골메뉴인 삶은 달걀과 김밥에 만족해하는 모습과는 무척 대조적임을 확인할 수 있었다.

이런 미식가적인 기질은 이미 오래전부터 프랑스 요리가

서양음식문화를 주도하는 큰 줄기로서 문화강대국인 프랑스 이미지의 큰 부분을 차지할 수 있게 한 원동력이 되었다.

타유방에서 누벨 퀴진까지

프랑스 요리가 음식문화로서 새롭게 태어난 것은 이탈리아 메디치 가문의 카트린 드 메디시스Catherine de Medicis가 프랑스의 여왕이 된 1533년의 일이다. 이탈리아에서 프랑스로 시집 올 때 함께 데리고 온 요리사와 급사들은 다채로운 조리법과 푸르세트fourchette(프랑스어로 '작은 포크'를 뜻한다)와 같은 식기류, 그리고 세련된 식탁 예절 등을 프랑스 음식문화에 새롭게 전파시켰다. 피렌체의 앞선 요리기술은 프랑스의 요리사들을 감동시켰고, 프랑스 요리는 빠르게 변화한다. 이른바 '식탁의 르네상스'가 시작된 것이었다.

그렇다고 해서 프랑스 요리를 이탈리아 요리와 동일시해서는 안 된다. 그 이유는, 카트린을 수행한 요리사들은 그들의 조리 기술을 바탕으로 해서 프랑스에서 구할 수 있는 신선한 재료들을 가지고 이탈리아 요리가 아닌 프랑스 요리로서 음식을 완성시켰고, 프랑스 요리사들에 의해 그 기술이 계승 발전되었기 때문이다.

프랑스 최초의 요리책 『르 비앙디에Le Viandier』가 출판되면서 프랑스의 요리 관련 서적도 비약적인 발전을 시작한다. 이 책은 기욤 티렐Guillaume Tirel, 필명 타유방Taillevent(1310~1395)

이라는 사람에 의해 집필되었는데, 현재에 이르러서도 그의 이름은 파리의 고급스런 유명 레스토랑의 이름으로서 사람들 입에 오르내리고 있다.

샤를 5세와 샤를 6세의 전속 요리장이었던 타유방의 요리 특징은 향신료를 많이 사용하고, 지방은 적게 쓴다는 것이었다. 세계 각지로부터 들어오는 다양한 식재료와 향신료를 구미에 맞게 변화시켰다는 것이 이 시기의 요리 경향이었다. 식탁에서 곡류를 찾아보기는 힘들어졌고, 주로 육류를 이용한 요리가 큰 부분을 차지하는데, 중세 귀족들을 그린 그림을 보면 그 결과를 잘 알 수 있을 것이다. 어마어마한 배를 가진 귀족들의 모습은 과장된 표현이 아니었나 보다.

1651년, 프랑수아 피에르François Pierre, 필명 라 바렌La Varenne(1618~1678)이라는 요리사가 낸 『프랑스 요리사*Le Cuisinier françois*』라는 책은 음식이 나오는 순서에 엄격하게 입각하여 그 내용이 집필되었다. 그는 이 책에서 국물요리인 포타주potage, 전채요리에 해당하는 앙트레entrée, 구이요리인 로티rôtis, 그리고 디저트에 해당하는 앙트르메entremets와 파티스리pâtisserie 등에 관련된 700여 개나 되는 중세의 고급요리를 소개하였다.

단맛과 신맛이 동시에 존재하는 소스를 제시하는가 하면, 다양한 향신료를 사용하여 맛과 풍미와 씹는 촉감의 새로운 조화를 강조했던 라 바렌의 뜻을 이어받은 이는 뱅상 라샤펠Vincent La Chapelle(1690~1746)이라는 요리사였다. 1735년 4권으로 구성된 『현대 요리사*Cuisinier moderne*』라는 책을 출판한 라샤펠은 처음으로 과거의 요리방식으로부터의 해방과, 좀 더 깔끔하면서도 단순하게 자연스런 맛을 최대한 살릴 것을 주장하였다. 이런 경향은 후에 누벨 퀴진에서도 다시 찾아볼 수 있다.

그 뒤를 이어 프랑스 요리의 아버지라 칭송되는 앙토냉 카렘Antonin Carême(1784~1833)은 현대 프랑스 요리의 기틀을 마련하였다. 17세기 중반부터 불기 시작한 모던함(modernité)에 대한 조용한 혁명의 바람이 요리 분야에까지 그 영향을 끼치도록 노력한 것이 바로 카렘이었다. 우선 그는 과거의 비합리적인 맛의 잔재들을 제거하였고, 균형감 있는 맛을 추구하였다. 복잡하게 만들어내는 쿨리coulis[1]를 세 가지 기본 소스, 즉 에스파뇰espagnole,[2] 벨루테velouté,[3] 베샤멜béchamel[4]로 대체시키고, 그것을 바탕으로 다양한 소스를 만들어냈다.

이런 기틀을 체계화시킨 사람은 오귀스트 에스코피에Auguste Escoffier(1846~1935)라는 요리사였다. 남프랑스 출신의 그는 런던의 유명한 사보이Savoy 호텔의 총주방장을 거쳐 세자르 리츠César Ritz와 함께 파리의 리츠 호텔을 일구어냈다.

그는 현대 주방의 인력 시스템도 완성시킨 주인공이다. 한 가지 음식마다 팀을 구성했던 과거 방식과 달리, 차가운 음식을 담당하는 가르드 망제 le garde manger, 수프와 야채와 디저트

오귀스트 에스코피에

를 담당하는 앙트르메티에l'entremettier, 각종 구이와 튀김을 담당하는 로티쇠르le rôtisseur, 소스를 담당하는 소시에le saucier, 그리고 제과담당의 파티시에le pâtissier 등 목적에 따라 파트를 5개로 나누어 합리적으로 운영하였다. 덕분에 그는 시간의 단축이라는 엄청난 성과를 거둘 수 있었고, 급하게 음식을 찾는 손님들을 만족시킬 수 있게 되었다.

라샤펠의 '새로운 요리', 카렘의 '위대한 요리', 에스코피에의 '체계적인 요리' 이후 1960년대 말 새롭게 불어 닥친 바람이 있었으니, 바로 '누벨 퀴진la nouvelle cuisine'이었다. 누벨 nouvelle은 '새로운'이라는 뜻의 형용사이고 퀴진cuisine은 '요리'를 뜻하는 명사로, '누벨 퀴진'은 1957년경 프랑스 영화계에 일었던 '누벨 바그nouvelle vague(새로운 물결)'[5]처럼 기존 요리에 대항하여 '새로운 요리'를 창조하려는 움직임이었다. 앙리 고 Henri Gault와 크리스티앙 미요Christian Millau라는 두 남자가 함께 자신들의 이름을 따서 출판한 요리 잡지인 『고에미요*Gault et Millau*』에서 그들은 이 새로운 요리풍에 대해 10가지의 정의를 발표하는데, 단순미, 최소한의 익힘, 신선한 재료 사용, 메뉴의 단순화, 절제된 마리네이드marinade,[6] 무거운 소스의 배제, 지방 요리의 응용, 새로운 조리법의 이용, 창조성, 그리고 영양학적 접근이 그 내용이었다. 이 10가지 정의를 요약한다면, '식재료 본연의 맛을 최대한 살려내는 단순하고 절제된 새로운 조리 기법'이라 할 수 있을 것이다.

거추장스러운 프랑스 고급요리의 치장을 걷어내고자 하는

하나의 운동이었던 누벨 퀴진은 쏟아져 나오는 혹독한 비평들
에도 불구하고 저 유명한 비엔Vienne의 레스토랑 라 피라미드
La Pyramide의 셰프 페르낭 푸앵Fernand Point으로부터 폴 보퀴즈
Paul Bocuse, 미셸 게라르Michel Guérard, 로제 베르제Roger Vergé
등 쟁쟁한 프랑스 최고 요리사들의 노력과 함께 위대한 요리,
혁신적인 요리, 고급스러우면서도 창조적이고 그윽한 풍미와
아름다운 색채를 뽐내는 '요리 예술(l'art culinaire)'로서 자리를
잡았다.

멋쟁이 파리지앵들의 음식천국, 파리

파리, 일드프랑스

멈추지 않는 파리지앵Parisiens들의 식욕과 요리사들의 천재성이 조화를 이루는 곳, 파리는 명백한 프랑스 음식문화의 메카다. 노트르담 대성당을 중심으로 사방으로 퍼진 20개의 구區에는 맛난 음식들을 만날 수 있는 장소들이 구석구석 숨어있다. 전통 방식을 고집하여 만들어낸 바삭바삭한 바게트를 파는 작은 빵집, 풍미를 한껏 뽐내는 치즈를 파는 프로마주리fromagerie, 보석처럼 귀하고 값비싼 세계 3대 진미

카비아caviar(캐비아, 철갑상어알), 푸아 그라foie gras(거위 간), 그리고 트뤼프truffe(송로버섯)를 파는 식료품점 등, 파리에 가면 뭘 먹을까 고민하기에 앞서 그것들을 모두 다 맛볼 수 없음에 안타까울 따름이다. 어찌 보면 각지의 다양한 특산물과 지방 음식뿐만 아니라 세계의 음식을 쉽게 접할 수 있는 파리는 독특한 자신만의 요리에 대한 정체성을 가지고 있지 못한 듯 보인다.

그러나 200년도 훨씬 전, 프랑스 대혁명은 위대한 요리사들의 고용주였던 귀족계급을 단두대에서 쓸쓸히 사라지게 하였고, 일자리를 잃어버린 요리사들은 파리의 거리로 나올 수밖에 없었다. 그리하여 첫 번째 레스토랑이 파리에 출현하게 되었고, 그 후 파리는 독창성과 창조성으로 식문화의 꽃을 피우게 된다.

레스토랑 – 비스트로, 브라스리, 카페

내 집에서 살고 내 집에서 사색하며 내 집에서 먹고 마시는 것, 내 집에서 고통을 견디며 내 집에서 죽는 것, 우리는 이런 삶을 지루하고 심지어 불편한 것이라 생각한다. 내가 누구인지 다른 사람에게 보여주기 위해서, 누군가와 이야기를 나누기 위해서, 행복이 무엇이고 불행이 무엇인지 알기 위해서, 내 꿈을 충족시키기 위해서, 웃고 울기 위해서 화창한 날과 카페와 카바레와 레스토랑이 필요하다. 우리는 주

인공이 되고 목격자가 되기를 좋아한다. 함께 어울릴 사람
들, 우리 삶을 지켜봐 줄 증인을 갖고 싶어 한다.
─알프레드 델보, 『파리의 즐거움』 중에서

　　파리에서 만끽할 수 있는 커다란 즐거움 중 하나인 레스토
랑restaurant 문화의 시작에 대해서는 여러 가지 이야기가 존재
한다. 불랑제Boulanger라는 사람이 1765년에 자신의 가게에서
손님에게 조리된 음식을 제공했다고 하는데, 진정한 레스토
랑의 등장은 1782년 리슐리외Richelieu 거리 26번지에 앙투안
보빌리에Antoine Beauvilliers라는 사람이 연 '라 그랑 타베른 드
롱드르La grande taverne de Londres'라는 이름의 장소라고 할 수 있
겠다.

　　프로방스 공작(Comte de Provence)의 저택에 고용된 일급 요
리사였던 보빌리에는 아기자기하게 장식된 테이블과 실내 공
간, 그리고 메뉴에서 고를 수 있는 여러 가지 음식들로 레스토
랑 사업에서 큰 성공을 거둘 수 있었다. 이에 자극을 받은 요
리사들이 그 뒤를 이어 하나둘씩 업계에 뛰어들었고, 곧이어
터진 프랑스 대혁명은 그런 현상을 증폭시켰다. 그 영향으로
1789년에 50여 개에 불과했던 파리의 레스토랑이 1세기 후에
는 1,500여 개로 늘었으며 오늘날에는 5,000개가 넘는 레스토
랑이 파리에 존재한다.

　　보편적인 의미로서 메뉴판에 적힌 음식들을 정해진 서비스
시간에 골라 먹을 수 있는 장소가 바로 레스토랑인데, 파리지

앵들이 자주 가는 레스
토랑은 역사적 배경·분
위기에 따라 비스트로le
bistro, 브라스리la brasserie,
카페le café 등으로 구분
된다.

파리의 비스트로

　일반적으로 작고, 자유스럽고 편안한 분위기의 공간을 비스
트로라고 부른다. 일설에 의하면 나폴레옹 전쟁 시대 때, 파리
로 진군한 러시아 병사들이 마실 것을 달라고 재촉하는 의미
로 "비스트로!"라고 외친 데서 그 이름이 유래했다고 한다(러
시아어로 '비스트로'는 '빨리'라는 뜻이다). 그래서인지 비스트로
에서 메뉴의 주를 이루는 것은 격식을 차리는 고급 음식이 아
닌, 비교적 빠르게 서비스되는 편안한 음식들이다. 흑판에 크
레용으로 거의 매일 바뀌는 '오늘의 특선 메뉴'를 적어 놓는데,
괜찮다고 소문난 비스트로에서 그것을 주문하고 후회하는 일
은 없을 것이다.

　프랑스의 일반적인 전통요리 코코뱅coq au vin(적포도주에 각
종 야채와 향신료를 넣어 익힌 닭찜), 포토푀pot au feu(쇠고기와
야채, 향신료를 넣고 푹 끓여 먹는 국물요리), 콩피 드 카나르
confit de canard(오리 다리살을 각종 향신료와 오리기름으로 천천히
익힌 요리)뿐만 아니라 통후추 소스를 곁들인 등심스테이크
(l'entrecôte)와 푸짐한 감자튀김 ─ 영어로는 프렌치 프라이French
fry, 프랑스어로는 프리xm frites ─ 에 겨자를 듬뿍 쳐서 제공하는

17

서민적인 레스토랑이 바로 비스트로이다.

비스트로와 마찬가지로 브라스리에서도 전통 요리와 그날의 요리를 즐길 수 있지만, 원래의 성격은 약간 달랐다. '브라스리'라는 단어를 파생시킨 브라세brasser라는 동사는 '맥주를 양조하다'라는 뜻이다. 즉, 브라스리는 맥주 양조장이라는 의미였던 것이다. 그러다가 1870년 프로이센과의 전쟁 이후 알자스로렌Alsace-Lorraine 지방의 피난민들이 다양한 종류의 맥주뿐만 아니라 알자스 지방의 포도주인 리슬링le riesling, 실바네le sylvaner, 게뷔르츠트라미네le gewürztraminer 등도 함께 파는 또 다른 형태의 레스토랑으로 그 의미가 바뀌었다.

파리의 샹젤리제Champs-Elysées 거리에 가면 테라스terrasses를 가지고 있는 수많은 카페들을 볼 수가 있다. 어디 샹젤리제 거리뿐이겠는가? 파리의 거리에서 쉽게 만날 수 있는 자유로운 쉼터의 대명사 카페는 우리에게도 그리 낯설지 않은 느낌이다. 카페의 테라스 아무 곳에나 자리 잡고 앉아 있노라면 그곳이 파리의 역동성을 관찰하는 데 더할 나위 없이 좋은 장소라는 것을 금세 깨달을 것이다. 일찍이 예술가와 지식인들이 카페를 찾은 이유가 바로 여기에 있다. 다채로운 인간과 삶을 관찰할 수 있는 카페는 그들에게 토론의 장소이기도 했고, 창조의 장소이면서 안식을 위한 장소이기도 했다. 그리하여 다양한 미술작품과 문학작품이 카페에서 탄생했으며, 프랑스 혁명도 이곳에서 발단되었다고 말한다.

카페라는 단어는 영어의 커피coffee를 말한다. 장소의 개념인 카페는 바로 '커피 마시는 집'이라는 뜻으로 쓰인 것이다. 17세기부터 유럽대륙에 검은 음료라 불리는 커피가 수입되었고, 새로운 음료로서 그 영역을 조금씩 확산해 나가는데, 이탈리아 출신의 프란시스코에 의해서 1680년 파리에 최초의 '커피 마시는 집'이 생겼다.7)

현대에 와서 카페는 그 이름처럼 단순히 커피만 마실 수 있는 공간이 아닌 다양성을 갖춘 공간으로 변화하게 된다. 알코올이 섞인 칵테일부터 미네랄워터, 맥주, 포도주 등을 마실 수 있고, 언제든지 간단하게 요기할 수 있는 먹을거리도 제공한다. 샬롯shallot과 백포도주를 넣고 푹 익힌 홍합찜과 바삭한 감자튀김을 함께 제공하는 물프리트des moules-frites와 크로크무슈croque-monsieur 등은 카페에서 맛볼 수 있는 대표적인 음식들이다. 오늘날 카페나 브라스리의 대표적인 메뉴인 크로크무슈는 1910년 카퓌신Capucines 거리의 한 카페에서 처음 만들어졌다. 버터를 바른 빵 위에 얇게 저민 햄과 치즈를 올리고, 다시 버터 바른 빵으로 덮어서 그릴에서 구워 내면 되는 간단한 요리다. 여기에 계란을 올리면 크로크마담croque-madame이 된다.

레알의 해장국, 양파수프

파리를 찾는 관광객들이 빼놓지 않고 들르는 곳이 있다면 에펠탑, 노트르담 대성당 그리고 레알Les Halles 지구地區일 것이다.

지금의 퐁피두 센터Centre de Pompidou가 있는 레알은 파리의 거대한 시장이 있던 곳이었다. 1183년, 당시 왕 필리프오귀스트Philippe-Auguste는 생 라자르Saint Lazare 나병환자수용소 근처의 시장을 센강la Seine 북쪽의 이노상Innocents 공동묘지 근처로 옮겼다. 공동묘지 근처였음에도 불구하고 시장은 날로 번성하였고 그 규모는 경제적으로도 중요할 만큼 커졌다.

19세기에 들어서서 나폴레옹 3세는 건축가 빅토르 발타르Victor Baltard를 시켜 시장을 새롭게 재구성할 것을 명하였다. 열 개의 거대한 금속과 유리로 된 상가건물은 곧 레알의 상징이 되었고, 저 유명한 작가 에밀 졸라Emile Zola의 소설 『파리의 복부腹部Le ventre de Paris』는 이 그랑 마르셰grand marché(거대시장)의 별칭이 되었다.

그 후 1969년, 레알의 거대시장은 파리 남부 오를리Orly 공항 근처의 렁지스Rungis로 옮겨지게 되는데, 렁지스는 72만 7천 제곱미터의 대지에 47만 제곱미터의 건물이 들어서 있는 세계에서 가장 큰 농수산물 시장이면서 '새로운 파리의 복부'로서 지금까지 그 역할을 수행하고 있다.

여전히 레알에 거대 시장이 있을 당시, 파장罷場을 알리는 종소리가 울리면, 여기저기에서 팔고 남은 것들 중 먹을 수 있는 것들을 가져가기 위해 가난한 사람들이 몰려들었는데, 종을 뜻하는 프랑스어 클로슈cloche에 경멸의 뜻을 내포하는 어미 -ard가 붙어서 종을 치면 나타나는 자, 즉 거지, 부랑자를 뜻하는 단어인 클로샤르clochard가 만들어졌다고 한다.

세계적으로 유명한 양파수프(la soupe à l'oignon)를 처음 선보인 곳도 바로 레알의 거대시장 근처에 있던 레스토랑과 비스트로였다. 시장을 드나들던 상인들과 짐꾼들의 지친 몸과 텅 빈 배를 따뜻하게 감싸주고 채워 주던 이

양파수프

유명한 수프의 원래 이름은 '레알의 그라탱'쯤으로 해석되는 '그라티네 데 알gratinée des Halles'이었다. 주재료인 양파를 얇게 썰어서 버터에 볶다가 소고기 국물을 붓고 한소끔 끓여낸 뒤 바게트빵을 구워 수프 위에 띄운다. 그 위에 그뤼예르gruyère 치즈를 갈아서 뿌려주고 그릴에서 갈색이 나도록 구워주면 완성되는데, 이런 방식을 그라탱gratin이라 한다. 우리네 옛 장터에서 팔던 해장국과 같은 역할을 담당했던 음식이라고 생각하면 이해가 쉬울 것이다. 오늘날에 와서 양파수프를 파는 비스트로가 많이 사라져서 아쉽지만, 아마도 그 옛날 피갈 거리의 물랭루즈Moulin Rouge에서 밤새도록 주색잡기에 여념이 없었던 천재화가 툴루즈로트레크Toulouse-Lautrec의 쓰린 속을 달래주지 않았을까 상상해본다.

프랑스의 상징이 되어버린 바게트

프랑스인의 스테레오타입stereotype은 머리에 베레béret를 쓰

고, 한 손에 긴 바게트빵을 들고 있는 모습이다. 오후 여섯 시쯤 되면 실제로 거리에서 이렇게 긴 빵을 들고 귀가하는 사람들을 쉽게 발견할 수 있는데, 빵이 한 나라의 상징이 되어 버린 나라는 프랑스가 유일할 것이다. '지팡이'라는 뜻의 바게트빵은 그 생김새 때문에 바게트라고 불리는데, 이런 모양을 갖게 된 것은 불과 200년이 채 안 된다.

15세기의 빵은 커다랗고 둥근 공 모양이었다. 제빵사들이 반죽을 공 모양으로 둥글게 굴려서 빵을 만들었던 것이다. 공은 프랑스어로 불boule이라고 하는데, 그래서 이때부터 제빵사를 '공 모양으로 반죽하는 사람'이라는 의미인 불랑제boulanger라고 부르기 시작하였다.

당시 빵을 만들 때는 여러 종류가 섞인 밀가루를 사용하였다. 사실 일부러 섞어서 사용했다기보다는, 어떤 종자가 병충해를 견디고 살아남을지 확신을 가질 수 없어 여러 종을 동시에 파종播種하였기 때문에 섞인 밀을 수확할 수밖에 없었고, 어쩔 수 없이 섞인 밀가루를 사용했던 것이다. 빵의 겉껍질은 두터웠으며, 속살은 퍽퍽했고, 소금은 비싸다는 이유로 넣을 엄두조차 내지 못했다. 이렇게 만든 거친 빵조차 살 수 없는 가난한 이들 중에서도 더 가난한 이들은 비스퀴biscuit를 사먹었다. '두 번 구웠다'는 뜻의 비스퀴는 하루 지난 빵을 한 번 더 구움으로써 보관시간을 늘인 것이었다. 오늘날에 와서도 비스퀴는 아침식사용으로 널리 애용되고 있지만, 가난한 이들을 위해 만들어진 예전의 그것과는 다른 것이다.

태양왕 루이 14세 때에 와서야 비로소 그가 가장 좋아하던 흰 빵을 만들 수 있는 기술이 보급되기 시작했는데, 맥주의 효모와 부드러운 밀가루를 사용한 이 빵은 귀족들만이 즐길 수 있는 특권의 상징이었다. 그러나 다른 도시들처럼 파리도 흉년에 시달리게 되었고, 1787년 곡물가격 인상 정책을 단행하게 된다. 그에 이은 연속된 흉년은 2년 후 일어날 대혁명의 불씨 역할을 하게 된다.

18세기에 들어서면서 처음으로 지금의 모양과 비슷한 바삭바삭한 껍질의 바게트가 나왔고, 반죽기계의 출현으로 불랑제들은 쉽게 작업을 할 수 있게 되었다. 그리고 이때부터 파리지앵들은 맛난 바게트의 매력에 푹 빠지게 되었다.

최고의 바게트는 우선 겉이 바삭해서 손으로 자를 때 바삭거리며 노래를 불러야 한다. 그 단면은 너무 희지 않은 크림색깔이어야 하며 눌렀을 때 탄력이 있어야 하고 작은 구멍들이 보이는 속살의 맛은 우유처럼 담백하면서도 아몬드처럼 고소해야 한다. 그러나 1960년대부터 공장에서 대량 생산 방식으로 구워낸 바게트는 반죽하고 숙성시키는 시간의 단축으로 인해 속살의 맛이 싱겁고 구멍이 커서 금방 말라버렸는데, 겉은 전혀 바삭거리지 않고 물렁거리는 이런 맛없는 바게트를 파리지앵들이 외면하게 된 것은 당연한 일이었다.

이런 상황에서 의식 있는 장

바게트

인匠人들에 의해 전통적인 방식으로 구운 바게트를 부활시키기 위한 움직임이 시작되었는데, 그 대표적인 인물이 바로 장 뤼크푸조랑Jean-Luc-Poujauran이었다. 그는 정성껏 갈아낸 질 좋은 밀가루를 사용하였고, 빵에 맛이 들도록 천천히 지속적으로 발효시켰다. 그들의 노력 덕분에 지금은 파리 뒷골목에 있는 작은 빵집에서조차 맛난 바게트뿐만 아니라 각종 허브와 향신료, 견과류 등을 첨가한 새로운 빵을 만날 수 있게 되었다.

오늘날 프랑스에는 1년에 3,200만 톤의 빵을 생산하는 3만 5천 개 이상의 불랑주리boulangerie가 있다. 하지만 프랑스인들은 19세기에 비해 빵을 적게 소비한다. 하루에 500그램씩 먹던 빵을 이제는 150그램 정도밖에 먹지 않으니 말이다. 아무리 현실이 그렇다 해도 아침에 갓 구운 따뜻하고 바삭거리는 바게트에 신선한 버터를 발라 먹는 그 맛은 정말 오래도록 기억에 남는다.

다양성의 세계, 프로마주

1년 365일 내내 하루에 한 가지 종류씩만 먹어도 모두 맛볼 수 없는 것이 프랑스의 치즈, 즉 프로마주fromage다. 그 종류가 400여 가지라 하니 그럴 듯도 하다. 그리고 재미있게도 그렇게 많은 종류의 프로마주를 다 맛볼 수 있는 곳은 오직 파리뿐이다. 그러니 파리를 방문하면 꼭 프로마주리from-agerie에 들러 프랑스 치즈의 세계를 엿보도록 하자.

치즈는 『구약성서』에서도 그 흔적을 찾아볼 수 있을 정도로 오랜 역사를 가지고 있다. 고대부터 인간들은 음식의 보존성에 대한 문제에 직면해왔는데, 신선한 우유를 실온에서 며칠 놔두었을 때 변질되면서 응고된다는 사실을 우연히 발견한 것을 계기로 치즈를 만들어 먹기 시작하였다.

치즈의 주원료인 우유의 종류에 따라 치즈의 개성적인 풍미도 달라진다. 소젖, 염소젖, 양젖, 이 세 가지 젖의 맛이 다르기 때문이다. 치즈가 생산된 지역적 특성에 의해서도 맛이 달라지는데, 산에서 생산되었는가 평원에서 생산되었는가는 중요한 척도가 된다. 생산된 계절에 따라서도 그 맛에 차이가 난다. 봄에 생산된 치즈는 생명이 움트는 계절의 영향을 받아 다양한 향초와 들꽃의 향기를 느낄 수 있는 반면, 겨울에 생산된 우유로 만든 치즈는 아무래도 덜 풍부하다. 추운 겨울, 울 안에 갇혀서 건조한 먹이를 먹고 지낸 동물의 젖으로 만들었기 때문일 것이다.

우유의 살균 처리를 했느냐 안 했느냐에 따라서도 맛이 달라진다. 원산지 증명(AOC: Appellation d'Origine Contrôlée)을 받은 치즈나 공장에서 생산된 치즈들 중에서 살균 처리를 하지 않은 생우유(le lait cru)를 사용하는 고급 치즈의 경우, 그 맛이 살균 처리를 한 우유로 만든 치즈에 비해 훨씬 풍부하다. 그러나 전체 치즈의 80퍼센트는 저온 살균 처리한 우유(le lait pasteurisé)를 이용하여 생산된다.

치즈를 만드는 과정은 크게 응고 단계, 탈수 단계, 성형 단

카망베르

계, 가염加鹽 단계, 그리고 숙성 단계로 나누어 볼 수 있다. 그 중에서도 숙성 단계는 치즈의 성격을 결정짓는 중요한 과정이다. 같은 치즈라고 해도 어떤 숙성 단계를 거쳤느냐에 따라 맛은 달라진다. 이런 숙성 단계를 책임지는 사람을 라피뇌르l'affineur라고 부르는데, 그들은 높은 온도와 습도를 유지하는 동굴이나 지하창고에서 작업을 한다.

치즈는 그 종류에 따라 각각 알맞은 온도와 습도를 가진 공간에서 숙성시켜야 하는데, 카망베르camembert처럼 부드러운 치즈는 95퍼센트의 습도가 필요하고, 경질硬質 치즈는 80퍼센트, 염소치즈는 75퍼센트의 습도가 필수 조건이다. 최상의 숙성에 도달하기 위해서는 각각 특별한 과정을 거치기도 하는데, 어떤 것들은 소금물에 씻어 주고, 어떤 것들은 맥주에, 혹은 증류주에 씻어 주기도 한다. 재를 묻히는 것들도 있고, 종이에 싸거나 짚으로 싸는 것도 있다. 숙성 기간은 치즈의 크기에 따라 다른데, 적당한 숙성 과정을 거친 치즈는 짙은 풍미와 최상의 질감, 그리고 보기 좋은 모양을 갖추게 된다. 오늘날에는 400여 종의 프로마주 중 36종8)만이 1955년 11월 28일자 법령에 의해 제정된 원산지 증명을 보장 받는다.

치즈는 만드는 방법에 따라서 여러 개의 카테고리로 구분되는데, 다음과 같다.

생生 치즈(les fromages frais)

탈수 단계를 거치지 않아서 수분이 많은 편이고 유산균 발효만을 통해 만들어 내서 맛이 풍부하다. 마늘이나 향신초, 혹은 후추 등으로 풍미를 더하기도 하는데, 대표적으로 부르생boursin이 여기에 속한다.

천연 외피의 연질 치즈

(les fromages à pâte molle à croûte fleurie)

주로 염소젖이나 소젖을 사용하는데, 응고, 탈수과정을 거쳐 유산균 발효뿐만 아니라 2~4주에 걸친 숙성과정을 통해 다양하게 발효된다. 대표적인 치즈로는 카망베르와 브리brie가 있다.

비가열 압축 경질 치즈

(les fromages à pâte pressée non cuite)

응고유乳의 탈수과정에서 기계적인 힘으로 압착하여 만들었기 때문에 조직이 단단하고, 2~3개월의 비교적 긴 숙성기간을 거친다. 캉탈cantal이 대표적이다.

가열 압축 경질 치즈(les fromages à pâte pressée cuite)

기계적인 힘에 의한 탈수과정에서 응고유를 가열하여 만든다는 점이 위의 종류와 다르다. 치즈에 구멍이 뚫린 에멘탈emmental, 콩테comté, 그뤼에르gruyère 등이 여기에 속하는데, 이

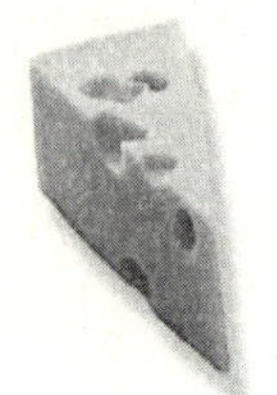

에멘탈

구멍들은 숙성과정에서 탄산가스가 배출되면서 생성된 것이다.

푸른 반점 치즈

(le fromages à pâte persillée)

가장 오랜 숙성기간을 거쳐야 하는 치즈로서 내부에 푸른곰팡이의 포자를 접종한 후 번식하도록 하는 것이 특징이다. 소젖으로 만든 브레스 블루치즈(le bleu de Bresse)와 양젖으로 만든 로크포르roquefort가 있다.

세척洗滌 외피의 연질 치즈

(les fromages à pâte molle à croûte lavée)

천연 외피의 연질 치즈와 같은 과정을 거치는데, 다만 숙성단계에서 털어주고 닦아준다는 점이 다르다. 그런 과정의 특성으로 인해 치즈의 표면 색깔이 짙은 주황빛이고, 냄새와 맛 역시 다른 종류에 비해 훨씬 강하다. 대표적인 치즈로는 묑스테르munster가 있다.

때때로 여러 가지 종류의 치즈를 한자리에서 먹게 될 때면, 가장 순한 것부터 시작하여 점차 강한 것으로 옮겨가면서 먹는 것이 좋다. 강한 맛이 순한 맛을 지배할 수 있다는 당연한 이치에서 비롯된 것이다. 예를 들어, 몽라셰montrachet와 같은 생치즈를 가장 먼저 먹고, 그다음으로 순한 천연 외피 연질 치

즈인 카망베르를 먹는다. 그리고
비가열 압축 경질 치즈인 캉탈, 가
열 압축 경질 치즈인 콩테, 푸른곰
팡이 치즈 로크포르, 마지막으로
가장 강한, 세척 외피의 연질 치즈
묑스테르 순으로 먹는다.

묑스테르

　강한 풍미의 치즈를 먹을 때면 제 아무리 프랑스인이라 할
지라도 단순히 치즈만 먹지 않는다. 포도주나 빵을 함께 곁들
이게 되는데, 프랑스에서는 치즈와 포도주는 불가분의 관계처
럼 여겨져 왔다. 이 관계를 더욱 돈독히 해주는 빵도 잊어서는
안 된다. 생젖으로 만든 맛 좋은 치즈와 잘 익은 포도주 한잔,
그리고 잘 구운 빵 한 조각을 맛보는 것보다 인생에서 더 커
다란 즐거움은 없다고 생각하는 사람들이 바로 프랑스인들
이다.

　이 세 음식의 가장 큰 장점은 별다른 준비 없이 있는 그대
로 먹으면 된다는 것이다. 영양학적 측면에서도 각종 비타민
과 미네랄뿐만 아니라, 탄수화물, 지방, 단백질 등을 골고루
섭취할 수 있어 간편하면서도 든든한 한 끼 식사로 충분하다.

　의사이자 인문주의자이자 익살스럽고 풍자적인 걸작『가르
강튀아Gargantua』의 저자로 유명한 작가 라블레Rablais는 빵과
포도주와 치즈 이 세 가지를 가리켜 식탁의 성삼위聖三位라는
표현을 썼다. 수도원에서 많은 세월을 보낸 그였기에 나올 수
있었던 표현이었나 보다.

빵과 포도주와 치즈는 각기 다른 재료를 사용하여 생산되지만, 셋 모두 박테리아와 효모 덕분에 만들어진다는 공통점을 가지고 있다. 발효에 의한 변화과정이 없었다면 빵은 부풀지 않았을 것이고, 포도주는 알코올화되지 않았을 것이며, 치즈는 그 특유의 맛을 가질 수 없었을 것이다.

프랑스 어느 가정의 저녁 식탁을 보더라도 이 세 가지는 빠질 수 없는 프랑스 식사의 요소들이다. 식탁 위에 올라오는 치즈와 빵과 포도주의 질에 따라 그 식사의 품격이 달라진다 해도 과언이 아니다. 훌륭한 만찬에는 반드시 좋은 포도주가 끊임없이 이어져 나오고, 잘 구워진 빵이 식탁 한가운데를 장식하며, 적당히 숙성된 여러 가지 종류의 치즈가 필수 조건이기 때문이다. 좀 강한 맛의 치즈도 포도주와 만나면 부드럽게 넘어가고, 잘 구운 빵과 함께 먹으면 치즈의 담백한 맛을 더 잘 느낄 수 있다. 오늘 저녁 진짜 치즈 한 조각에 잘 구운 빵 한 조각, 그리고 와인 한잔 곁들이면서 식도락의 즐거움을 느껴 보는 건 어떨까?

파티스리의 달콤한 유혹

파리의 거리를 거닐다 보면 그냥 한입에 먹어버리기엔 아까울 정도로 아름답게 장식된 과자들이 저마다 교태를 부리며 길 가는 행인들을 유혹하는 제과점의 진열장을 쉽게 발견할 수 있는데, 그 앞에 멈춰 서서 그것들을 바라보는 것만으로도 황홀경에 빠지게 된다.

'제과'를 뜻하는 프랑스어 파티스리가 달콤한 비상飛上을 시작한 것은 카트린 공주가 프랑스로 시집을 왔던 때, 이른바 '식탁의 르네상스' 시기였다. 이때부터 설탕과 아몬드, 이 두 가지 식재료의 소비가 급증하였고, 1566년 파티시에(제과사)라는 직업이 정식으로 인정받게 된다.

파리의 제과사들은 세계에서 가장 사랑 받는 가또gâteau, 즉 과자들 몇 가지를 만들어냈다. 천 겹의 켜가 있다는 뜻으로 밀가루 반죽 사이사이에 버터가 층을 이루고 있는 과자 밀푀유 millefeuille와, 주님 공현公現 대축일에 먹는 갈레트 데 루아 galette des rois의 기본이 되는 파트 푀유테la pâte feuilletée는 한 젊은 파리의 요리사가 내기 중에 만들었다고 한다.9)

19세기에 나온 『왕의 제과사Le Pâtissier royal』라는 책의 저자 앙토냉 카렘은 유명한 건축물의 형태를 닮은 크로캉부슈 croquembouches를 만들어냈다. 20세기 초에 와서야 현재의 피라미드 형태를 갖춘 크로캉부슈는 작은 슈choux에 카라멜을 발라서 쌓아 올린 과자로, 결혼식에 빠지지 않는 단골손님이다.

그 밖에도 1864년 시부스트Chiboust라는 제과사가 자신의 가게가 위치한 거리의 이름을 따서 만들었다고 하는 생토노레saint-honoré, 파리에서 브레스트까지 자전거 경주를 기념하는 의미로 만든

오페라(opéra)

과자 파리브레스트Paris-brest, 파리에 위치한 유명 제과점인 '달루아요Dalloyau'(달로와요)의 어느 제과사가 만들어냈다고 하는 오페라l'opéra 등은 프랑스 제과에서 빼놓을 수 없는 주옥같은 파티스리의 클래식들이다.

사순절의 시작을 알리는 크레프

가톨릭 국가인 프랑스는 부활절을 뜻하는 파크pâque 전 40일을 사순절이라 하여 '재의 수요일'을 시작으로 금식을 시작하는데, 금식기간에는 고기나 술을 먹지 않고 기도와 명상으로 시간을 보내게 된다. 그래서 전통 가톨릭 국가에서는 금식이 시작되기 전날 성대한 파티를 열어 음식을 나누고 가장행렬을 하는 풍습이 있는데, 이를 카니발이라 한다.

프랑스에서도 각 지방마다 카니발을 여는데, 특히 니스Nice의 카니발이 유명하다. 꽃으로 꾸민 커다란 지게차 위에 멋진 드레스를 입은 아가씨들과 가면을 쓴 사람들, 그리고 그 뒤를 따르는 악단과 춤을 추는 댄서들, 그야말로 즐겁게 노는 축제의 날인 것이다. 그러나 오늘날에는 종교적인 의미가 퇴색되어 니스의 카니발 같은 경우 관광객 유치가 그 목적이 되었으며, 축제에 참가하기 위해 입장료를 내는 등 무척 상업화되어버렸다.

'재의 수요일' 전날을 프랑스어로는 '마르디 그라Mardi gras'라고 부르는데 이는 '기름진 화요일'이라는 뜻이다. 이날은 40

일간의 금식기 동안 못 먹을 기름진 음식을 먹을 수 있는 마지막 날이었고, 때문에 달걀과 버터 등을 이용한 프랑스식 팬케이크인 크레프crêpe를 만들어 먹는 전통이 내려오고 있다. 물론 크레프를 마르디 그라 때에만 먹는 것은 아니다. 요즘은 파리 시내 곳곳에서 노점상처럼 차려놓고 크레프를 만들어 팔고 있는 모습을 쉽게 찾아볼 수 있는데, 햄, 버터, 잼 등 다양한 속재료를 넣어서 먹는 크레프는 늦은 오후 출출한 배를 다스리기에 더없이 좋은 간식거리이다.

독일과 프랑스의 접경지역, 알자스로렌

알자스로렌

파리의 동역東驛 가르 드 레스트Gare de l'Est에서 기차를 타고 북동쪽을 향해 달리다 보면 놀라우리만치 끝없는 평원이 눈앞에 펼쳐지면서, 거품 포도주의 이름으로 더 유명한 샹파뉴Champagne 지방의 렝스Reims가 나온다. 이어서 훈제 요리와 각종 테린terrine과 소시지로 유명한 알자스Alsace, 로렌Lorraine 지방이 모습을 드러낸다. 로렌 지방의 수도 낭시Nancy에서는 저 유명한 키슈 로렌la quiche lorraine뿐만 아니라 고기파이(lpâtés en croûte)와 미라벨 타르트tarte aux mira-belles, 마들렌madeleine도 맛볼 수 있을 것이다.

역사 속에서 이리저리 요동치면서 독일과 프랑스의 문화가 골고루 섞여있는 알자스 지방의 수도 스트라스부르Strasbourg에 들어서면 열차는 곧 멈춰 설 것이다. 그곳에서 소시지를 안주 삼아 시원한 알자스 맥주를 마셔보는 건 어떨까?

영롱한 거품이 반짝이는 샹파뉴

17세기, 아직 프랑스에서 유행의 물결을 타기도 전에, 거품 포도주는 런던의 귀족들을 열광시켰고, 루이 15세의 정부情婦에 의해 이 귀족적이고 사치스런 음료는 프랑스 전역으로 보급되기 시작하였다.

오늘날 축하연이나 파티에서 꼭 찾아볼 수 있는 단골손님이 된 샹파뉴Champagne, 영어식 발음으로 샴페인의 주요 산지는 파리 북동쪽 140킬로미터 지점에 위치한, 샹파뉴 지방의 주요 도시인 헹스와 에페르네Epernay이다. 지질적으로 두터운 석회질 층이 많은 이곳에는 지하 10~50미터 사이에 거대한 샹파뉴 저장 창고가 있는데, 그 길이를 모두 더하면 무려 300킬로미터가 넘는다고 한다.

상점에서 샹파뉴를 사서 마셔보면 대부분이 화이트 와인인 것을 알 수 있는데, 그렇다면 샹파뉴에는 화이트 와인만 존재하는 것일까? 사실 샹파뉴를 만들 때 쓰는 포도품종 전체의 3분의 2는 레드red 품종인 피노 누아르Pinot noir와 피노 뫼니에Pinot meunier이다. 피노 누아르는 부르고뉴Bourgogne의 포도품종으로 풍부하고 입안에 강한 인상을 남기는 특징이 있고, 피노 뫼니에는 병충해에 강하고 작황이 비교적 수월한 장점이 있다. 나머지 3분의 1에 해당하는 품종은 화이트 품종으로 샤르도네Chardonnay라는 가볍고 산뜻한 성격의 맛을 지닌 포도이다.

레드 품종이 월등이 많이 쓰임에도 불구하고 화이트인 까닭은 무엇일까? 그 이유는 제조과정에서 찾아볼 수 있다. 와인은 그 색깔로 보통 레드 와인, 화이트 와인, 로제rosé 와인 등 세 가지로 나눈다. 색이 다르게 나오는 이유는 포도를 압착하여 발효하는 과정에서 포도껍질을 함께 넣었느냐 아니냐에 따른 것이다. 레드 와인의 경우에는 껍질로부터 붉은 색소가 추출된 상태이고, 껍질을 뺀 포도즙만을 가지고 발효시키게 되면 화이트 와인이 되는 것이며, 24시간 이내에 껍질을 담가 원하는 색을 얻었을 때의 포도즙만을 가지고 양조한 것은 로제 와인이라고 부르는 것이다.

샹파뉴의 경우에는 먼저 수확시기가 되면 수많은 일꾼들이 직접 손으로 포도를 수확한다. 일꾼들은 포도송이가 으깨지지 않도록 최대한 노력을 기울이는데, 그 이유는 포도알에 색이 배지 않도록 하기 위해서이다. 검붉은 포도껍질로부터 색이 물들지 않도록 짧은 시간 안에 포도를 분해하여 바로 다음 과정인 알코올 발효를 시킨다. 발효가 끝나면 일반적인 화이트

샹파뉴 저장고

와인이 완성되고 샹파뉴로 거듭 태어나기 위해 샹파니자시옹 champanisation 과정을 거치게 된다. 오빌리에르Hautvilliers 수도 원의 원장이자 수도원 포도주 생산 책임자였던 동 페리뇽Dom Pérignon에 의해 개발된 이 방법은 포도주를 병입하면서 약간의 설탕과 오래된 포도주와 증류주, 그리고 효모를 넣어서 2차 발효를 시키는 것인데, 그렇게 함으로써 탄산가스가 발생하고 병 안의 일반 백포도주는 발포성 와인으로 변화하게 된다.

병에서 다시 발효가 일어나면 효모 찌꺼기가 병 아래쪽에 가라앉게 되는데, 르뮈아주remuage라는 방법으로 병을 약간씩 돌려주면서 찌꺼기가 병 입구로 모여들게 만든 다음, 낮은 온도에서 침전물을 얼려서 제거한다. 침전물을 제거하고 모자란 부분을 채워주는 과정에서 리쾨르 덱스페디시옹la liqueur d'ex-pédition이라고 불리는 포도주와 설탕 혼합물을 첨가하는데, 이 첨가제의 양에 따라 샹파뉴의 맛이 결정된다. 양이 1.5퍼센트 이하이면 브뤼brut, 2~4퍼센트이면 세크sec, 8~12퍼센트이면 두doux가 되는 것이다.

동 페리뇽은 1715년 죽음을 맞이했고, 1794년 오빌리에르 포도원을 구입한 어느 포도주 회사는 자신들의 최상품 샹파뉴에 동 페리뇽이라는 상표를 붙였다.

샹파뉴는 성공에 성공을 거듭하였고 이제는 프랑스의 한 지역의 이름이자 동시에 세계에서 가장 사랑 받는 발포성 와인의 대명사로 자리 잡았다. 그러나 아무 와인이나 탄산이 들어있다 하여 샹파뉴 혹은 샴페인이라고 부를 수 없다. 반드시 샹파뉴 지방에서 나온 와인만 그렇게 부를 수 있음을 잊지 말자.

로렌의 명물, 키슈 로렌과 마들렌

프랑스인과 로렌 지방에 대해 이야기할 때 그들의 머릿속에 가장 먼저 떠오르는 이미지는 크림, 버터, 계란, 돼지고기 등일 것이다. 그리고 이 재료를 모두 사용하는 가장 유명한 그 지방음식이 무엇이냐고 물으면 바로 '키슈 로렌'이라고 대답할 것이다.

로렌 지방의 주도主都인 낭시의 한 불랑제에 의해 16세기에 만들어졌다고 하는 키슈 로렌은 만드는 방법과 재료가 비교적 간단하다. 소금과 계란, 그리고 버터와 밀가루를 섞은 반죽을 지름 18센티미터 정도의 타르트 몰드에 장착하고 로렌 지방의 특산물이라 할 수 있는 돼지 가슴살 부위를 볶아서 넣어 준다. 그 위에 치즈가루를 뿌려 주고 계란 생크림 혼합물을 부어준 뒤, 220℃의 오븐에서 구워내면 맛있는 키슈 로렌이 완성된다. 담백한 맛의 키슈는 간단한 한 끼 식사로도 충분하여 점심시간에 샌드위치만큼 애용되는 음식이다.

키슈 로렌

　중세 이래로 로렌의 제염소製鹽所에서 나오는 소금은 주로 돼지고기를 저장하기 위해 쓰였는데, 로렌 사람들은 그들이 가장 좋아하는 육류가 돼지였던 까닭에 그 비싼 소금을 아낌없이 썼다. 돼지의 각 부위를 이용하여 햄과 각종 소시지를 만드는데, 그중에서도 제쥐le jésu와 퓌조le fuseau는 특히 인기 있는 품목이다. 제쥐는 돼지 위胃에 속을 넣어 바람에 자연 건조시킨 커다란 소시지였고, 퓌조는 창자를 이용한 것이다.

　로렌의 대표적인 과자로는 조개 모양의 마들렌이 있다. 마들렌의 유래는 폴란드 왕이었던 스타니슬라스Stanislas가 1736년 왕위를 빼앗기고 로렌의 공작이 된 시절로 거슬러 올라간다. 어느 날 저녁 만찬을 준비하던 주방의 소스 담당자와 제과사 사이에 언쟁이 일어났다. 언쟁 끝에 제과사는 주방을 나가버리고, 스타니슬라스는 자신의 손님들에게 달콤한 과자를 제공할 수 없어졌다는 사실에 무척 난감해 한다.

　그때 그의 급사장이 해결책으로 어떤 하녀를 데려와 과자를 만들게 했는데, 그것을 먹은 모든 손님들은 크게 만족했다. 스타니슬라스는 하녀를 불러 치하하고 달리 이름이 없던 그

마들렌

과자를 하녀의 이름을 따서 마들렌이라 부르게 하였다.

버터와 계란이 주가 되는 과자 마들렌은 프랑스에서는 조개 모양의 틀에 넣어 구워낸다. 우리나라 제과점에서도 모양은 약간 다르지만 쉽게 찾아볼 수 있는 달콤한 과자이다.

유럽식 김치, 슈크루트

알자스의 작은 마을에서조차도 그 마을만의 슈크루트chou-croute를 만드는 비법을 가지고 있을 정도로 전통적인 이 음식은 소금에 절여 발효시킨 양배추와 다양한 소시지, 훈제햄, 베이컨, 감자 등으로 구성된 평범한 음식이다. 시원한 맥주 한잔이나 실바네sylvaner, 리슬링 같은 알자스산 포도주를 곁들인 슈크루트는 그야말로 알자스 미식의 백미라고 할 수 있겠다.

슈크루트를 만드는 데 쓰는 양배추는 옅은 녹색을 띠고, 다른 배추에 비해 무척 커서 무게가 7킬로그램에 달하는 것도 있다. 만드는 과정은 우리네 김치 담그는 과정과 많이 흡사한데, 먼저 양배추의 바깥쪽 잎은 떼어내고 나머지 부분을 가능한 아주 얇게 기계로 채를 썰어서 준비한다. 속이 깊은 도기陶器 안에 준비된 양배추 채 한 겹, 소금 한 겹, 이런 식으로 번갈아 가며 채워 넣고, 베 드 주니에브르baie de genièvre[10])와

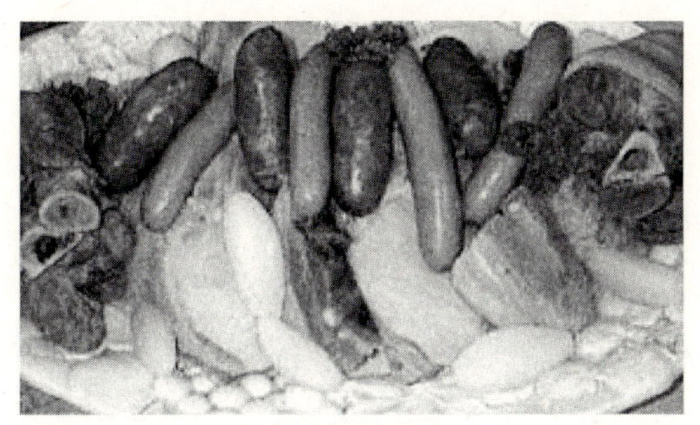

알자스식 슈크루트

같은 향신 허브를 넣어 풍미를 더해준다. 무거운 것을 위에
얹어 눌러주고 도기 뚜껑을 닫으면, 소금이 배추의 물기를
흡수하여 소금물이 되면서 배추를 보존시킨다. 주변온도에
따라 3~8주 정도의 발효기간을 거치는데, 발효 후에는 원래
의 무게에서 반이 줄어들지만 각종 비타민과 올리고oligo가
함유된 건강식품으로 둔갑을 하게 된다. 냉동식품이나 진공
포장이 없던 시절에 슈크루트는 한겨울을 나는 데 필요한 비
타민 C를 농부들에게 제공하는 역할을 해왔다. 마찬가지로
오랫동안 육지와 차단된 채 여행을 해야 했던 선원들에게도
아주 좋은 식품이었다.

　알자스 지방 사람들은 슈크루트를 중세부터 만들어 먹었다.
돼지고기와 궁합이 잘 맞고 그 맛이 잘 어울렸기 때문에 자연
스럽게 돼지로 만든 각종 소시지나 돼지 족 등과 먹었던 것이
다. 새로 담근 슈크루트가 맛있게 익을 무렵에 돼지를 잡는 축
제기간이 있었던 사실은 결코 우연이 아니었나 보다.

슈크루트와 함께 마시는 알자스의 맥주

골루아Gaulois 시대 이래로 알자스에서는 맥주를 마셔왔다. 로마인들이 와인을 들여온 이후로 맥주는 가난한 이들의 음료로 전락해버렸지만, 부자들도 와인이 없을 때에는 맥주를 마셨다. 특히 날씨가 나빠서 포도작황이 안 좋은 해엔 더욱 그랬다.

중세 시대의 수도원은 나그네들에게 잠자리와 음식을 제공해 주던 유일한 장소였는데, 방문한 모든 순례자들에게 포도주를 대접한다는 것은 참 어려운 일이었다. 그래서 수도사들은 엄청난 양의 맥주를 양조하기 시작하였다. 최고의 맥주는 신부나 주교들을 위해 따로 보관하였고, 일반 맥주는 하루 일과와 기도를 끝낸 수도사들의 갈증을 푸는 데 쓰였다. 그리고 맥주통의 맨 밑바닥에 있는 맥주는 순례자들 차지였다.

알자스에서는 겨울에만 가능하다는 조건이 붙기는 하였지만 평신도平信徒들도 맥주를 합법적으로 양조할 수 있었다. 1259년에 처음으로 맥주를 양조하기 위해 아르놀뒤Arnoldus라는 사람이 스트라스부르 대성당 뒤편에 양조장을 열었다. 그러나 가톨릭교회는 맥주를 이교도의 음료로 취급하였고, 이에 대해 종교개혁자 마르틴 루터는 누구든지 자신의 직업에 충실하다면 맥주를 만드는 것도 하느님의 일이라고 주장하였다. 그로 인해 프로테스탄트에 의해 맥주가 양조되는 경우가 잦아졌다.

프랑스 대혁명은 겨울에만 맥주를 양조할 수 있도록 했던 억압으로부터 사람들을 자유롭게 해주었다. 1850년경에는 맥주양조에 있어 중요한 영향을 끼친 또 다른 혁명이 일어나는데, 바로 루이 파스퇴르Louis Pasteur에 의해 개발된 열처리 살균법과 철도의 발달이 그것이었다. 이를 계기로 알자스에서 생산되는 맥주의 양이 4배로 증가하였다.

19세기 말엽, 알자스가 독일에 합병되면서 스트라스부르와 그 주변에 많은 맥주 양조장이 생겨났다. 그리고 독일에서처럼 단골손님을 위한 테이블이 준비되었고, 그 양조장만의 맥주를 준비하였다. 파리에 맥주 양조장을 뜻하는 브라스리가 생기게 된 것도 이즈음의 일이다. 맥주 양조장이라기보다는 먹고 마시는 장소로 그 의미가 바뀌었지만 말이다.

오늘날 알자스 지방에서 생산되는 맥주는 전체 프랑스 생산량의 절반 이상을 차지하는데, 스트라스부르와 그 주변에는 우리가 많이 들어봤음직한 맥주회사들이 즐비하다. 1740년에 생긴 가장 오래된 맥주 양조장인 쉬첸베르제Schutzenberger, 프랑스 제일의 양조장 크로낭부르Kronenbourg(크로넨버그) 외에도 크고 작은 독립 양조장들은 전통적인 방식에 의해 여전히 맛좋은 맥주를 양조하고 있다.

푸아 그라

푸아 그라의 자취는 4,500년 전인 고대 이집트 때부터 찾아볼 수 있다. 이집트인들은 야생의 거위가 이동을 할 계절이 되면 엄청난 양의 먹이를 먹어서 여행에 필요한 에너지를 간 肝에 지방의 형태로 축적한다는 사실을 알게 되었다. 대이동을 시작하기 전에 잡은 거위에서 추출한 간은 맛이 좋았고, 금세 곳곳에서 그 맛을 즐기기 시작하였다. 1년 내내 그 맛을 즐기고 싶었던 이집트인들은 의도적으로 거위를 살찌웠는데, 그 방법이 무척 잔인하였다. 즉, 억지로 거위에게 먹이를 먹였던 것이었다. 현대에 와서는 거위나 오리의 뇌에 전기 자극을 주어 식욕을 조절하는 부위를 파괴해 버리는 방법을 쓰고 있는데, 단순히 화학물질만 주입하는 방법도 개발되었다고 한다. 미식을 위한 인간의 잔혹함을 엿볼 수 있는 대목이다.

푸아 그라는 꼭 거위의 간만을 지칭하는 명사가 아니다. 로마인들은 거위에게 무화과를 먹여서 살찌우곤 했었는데, 그렇게 얻은 간을 '이에쿠르iecur (간) 피카툼ficatum (무화과)'이라고 불렀다. 그 말이 8세기에는 피기도figido, 12세기에는 페디에fedie와 페이에feie로 바뀌었다가 결국에는 푸아foie가 되었다. 그

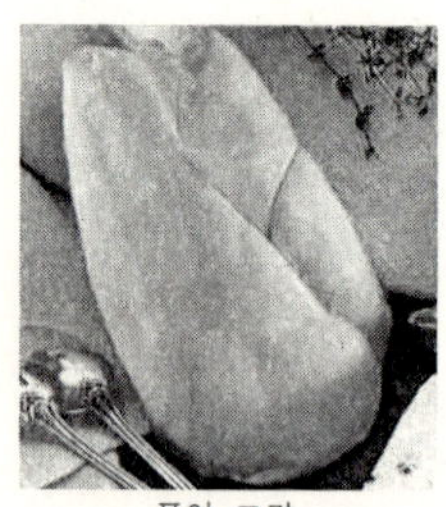
푸아 그라

래서 현대 프랑스어에서는 모든 동물의 간이 푸아 그라에 속한다 할 수도 있다.11)

알자스 지방에 거위사육법이 전해진 것은 동유럽에서 온 유대인들이 종교적인 이유로 돼지고기 대신 먹을 수

있는 고기로 거위를 사육하면서부터였다. 이것을 계기로 스트라스부르는 프랑스 맛 지도 위에 가장 맛있는 푸아 그라 파이를 만들어 낸 지역으로 표시될 수 있는 기회를 얻은 것이었다. 실제로 알자스 지방 구舊 사령관인 콩타드Contades 원수의 요리사였던 장피에르 클로즈Jean-Pierre Clause는 종종 여러 가지 재료를 넣은 파이를 만들곤 했었는데, 미식가였던 콩타드 원수의 만찬을 위해서 얇게 썬 햄과 송아지고기 간 것 그리고 그 사이에 푸아 그라를 넣은 파이를 만들어 바쳤다. 이 첫 번째 스트라스부르식 푸아 그라 파이는 1780년에 만들어졌고 그곳에 온 모든 초대 손님들을 열광시키기에 충분하였다. 그 후 루이 16세에게 바쳐진 이 파이는 왕으로부터도 칭송을 얻게 된다.

오늘날에는 프랑스 남서부 지방과 헝가리로부터 들어온 푸아 그라가 시중에 많이 유통되지만, 스트라스부르와 그 주변 지역도 푸아 그라와의 인연을 계속 이어오고 있다. 취향에 따라 혹자는 남서부에서 나온 푸아 그라를 더 좋아하기도 하는데, 요즘에는 상대적으로 값이 싸고 맛도 뒤처지지 않는 오리 푸아 그라의 소비가 급증하고 있다.

푸아 그라는 얇게 저며서 센 불에 앞뒷면을 구워 먹거나, 포트와인에 재웠다가 테린을 만들어 달콤한 무화과나 배와 함께 먹는다. 이때 소테른과 같은 당도 높은 와인을 곁들이면 좋다.

푸아 그라는 가격이 비싼 만큼 쉽게 먹을 수 없는 식재료

로 분류된다. 보통 프랑스인들은 1년 중 성탄이나 새해를 맞
이하는 밤에 레베용réveillon이라고 하여 새벽까지 먹고 마시
는 파티를 하는데, 푸아 그라는 그때 주로 먹는 고급 음식으
로 인식되어 있다.

맛의 보물창고, 부르고뉴

부르고뉴Bourgogne 지방에 다다른 당신은 이제 저 유명한 달팽이 요리인 에스카르고Escargot를 맛볼 차례다. 다른 지역 달팽이에 비해 크기가 큰 부르고뉴산 달팽이는 주로 땅속 석회질 층에서 발견되는데, 이는 달팽이가 스스로 껍질을 만들 때 석회질을 필요로 하기 때문이다.

달팽이 요리는 만드는 과정보다 달팽이를 손질하는 과정이 더 까다로운데, 우선 24시간 동안 달팽이를 단식시킨다. 그리

부르고뉴

고 점액질을 제거하기 위해 소금을 탄 식초에 10시간가량 담가두었다가 꺼내서 물에 헹구고 끓는 물에 30분 정도 삶아서 달팽이 속살만 끄집어낸다. 이렇게 준비된 속살은 물과 포도주와 각종 향신재료를 넣고 다시 삶아내고, 달팽이 껍질은 따로 끓는 물에 삶아서 깨끗이 소재하여 준비한다. 삶아 놓은 속살을 도로 달팽이 껍질 속에 넣고 버터와 마늘, 샬롯, 파슬리 다진 것을 섞어서 채워준 다음, 오븐에서 버터가 녹을 때까지 구워낸다.

이렇게 만든 부르고뉴 달팽이 요리는 부르고뉴산 포도주와 잘 어울리는데, 미식에 있어서 부르고뉴 지방을 대표하는 최고의 외교관이라고 한다면 바로 포도주라고 할 수 있을 것이다. 세계 어느 포도주 산지를 보더라도 부르고뉴만큼 화려한 포도주를 생산하는 지역은 찾아보기 힘들다. 이는 부르고뉴의 기후와 토양, 포도품종뿐만 아니라, 포도원 대대로 전해져 내려오는 비법 덕분이라 할 수 있겠다.

우선 기후를 보면, 부르고뉴는 겨울에는 춥고 여름에는 고온 건조한 대륙성 기후로, 유명한 포도산지는 배수가 잘되고 태양에 한껏 노출된 언덕배기에 위치하고 있다. 그리하여 포도나무는 충분한 빛과 열기를 받아들이게 되는 것이다.

또한 포도재배에 최상의 조건을 제공하는 건조하고 자갈이 많은 척박한 땅은 포도나무의 뿌리가 땅속 깊이 내리박히도록 도와줌으로써, 석회질과 점토 그리고 규토로 구성된 토양이 다양한 영양분과 특유의 향을 포도송이에 전할 수 있도록 해준다.

부르고뉴의 이런 기후와 토양의 특징에 잘 맞는 피노 누아르와 샤르도네는 각각 적포도주와 백포도주를 생산하는 데 쓰이는 포도품종들이다.

피노 누아르는 적포도주를 생산하는 데 쓰이는 포도품종으로 예민하고 변덕이 심한 특징을 가진다. 따라서 완전히 성숙되지 않은 피노 누아르로 만든 포도주는 그 특징을 느낄 수가 없다. 반면 제대로 익은 피노 누아르는 한 해 두 해 시간이 지남에 따라 매우 복잡하고 미묘한 향과 풍미를 지니게 된다.

백포도주를 만드는 데 쓰이는 포도품종인 샤르도네는 조숙早熟의 방법을 통해 싹을 틔움으로써 빨리 생장하게 하여 당도를 높인 것으로, 향이 풍부한 품종은 아니지만 그것이 자란 땅의 품성을 잘 표현한다. 샤르도네는 작은 참나무통에서 숙성되는데, 벌꿀향이나 갓 구운 빵 냄새를 느낄 수 있다.

부르고뉴에서 포도재배가 시작된 것은 어제 오늘 이야기가 아니다. 중세 시대 이래로 끊임없이 재배되어 온 것이 부르고뉴의 포도밭이다. 로마인들이 먼저 최고의 자리에 묘목을 심었고, 수도사들에 의해 이어져 내려오다가, 지금은 전문 포도원 경영인에 의해 계승되고 있다. 수 세기를 거치면서 포도나무는 자연스럽게 미네랄이 풍부한 땅 깊숙이 뿌리를 내릴 수 있었고, 세대와 세대를 거듭나면서 조상 대대로 내려오던 포도주 생산 방법은 현대적 기법과 접목되어 최고의 품질을 지닌 포도주 생산을 가능케 하고 있다.

겨자로 유명한 디종

카시스 열매

　부르고뉴 지방의 대표도시인 디종 Dijon은 세 가지 특산물로 유명하다. 벌꿀과 정향, 육두구, 계피 등의 향신료를 넣어 만든 팽 데피스 Pain d'épice라는 이름의 빵, 카시스로 담근 증류주 카시스 리큐어(liqueur de cassis), 그리고 매콤한 맛의 겨자 무타르드 드 디종 moutarde de Dijon이 그것들이다. 특히 디종의 겨자는 세계적으로 유명하다.

　16세기 작가 라블레의 소설을 보면, 주인공인 가르강튀아가 검은 부댕(boudin noir, 돼지고기를 갈아서 속을 채운 긴 소시지로 지역에 따라 시금치, 파슬리, 사과 등을 첨가한다)과 소 혀(langue de boeuf)와 12개나 되는 거대한 햄을 한 삽의 겨자와 함께 먹어 치우는 장면이 나온다. 이처럼 겨자는 소화액의 분비를 촉진시켜 소화를 돕는 역할을 하는데, 일찍이 고대 알렉산드리아 Alexandria에서는 정향이나 코리앤더 coriander 씨처럼 겨자씨를 으깨어 매콤한 맛을 즐겼다고 한다.

　겨자는 서양고추냉이, 물냉이 등과 같은 십자화과 十字花科에 속한다. 매운맛의 정도에 따라 만드는 과정에서 두 가지의 겨자 種을 섞어서 사용하는데, 부드럽고 섬세한 풍미를 가진 노란색의 시나피스 알바 Sinapis alba와 적갈색의 강한 맛을 가진 브라시카 니그라 Brassica nigra가 그것들이다.

기원전 42년에 첫 번째 겨자 제조법이 쓰였고, 샤를마뉴Charlemagne의 명령에 따라 프랑크 왕국 전역에서 겨자가 재배되기 시작하였다.

14세기 말, 디종에 머물던 부르고뉴의 공작이 겨자를 만들 때 좋은 겨자씨와 질 좋은 식초만을 사용하도록 함으로써 겨자의 품질을 엄격히 규제하기 시작하였고, 그리하여 차츰 디종의 겨자는 명성을 얻어갔다. 현재 프랑스의 겨자 10개 중 9개는 디종과 그 주변지역에서 만들어지고 있다.

오늘날에는 다양한 종류의 겨자가 시중에 나와 있는데, 씨겨자라 불리는 무타르드 아 랑시엔Moutardes à l'ancienne을 비롯하여 질감은 부드럽지만 매콤한 맛을 지닌 무타르드 드 디종, 그리고 다양한 향신료를 첨가하여 만들어낸 무타르드 아로마티제Moutardes aromatisées가 있다. 그 밖에도 올리브를 넣은 겨자, 멸치를 넣은 겨자, 산딸기를 넣은 겨자, 오렌지나 벌꿀을 넣은 겨자 등, 맛에 놀라고 그 다양성에 또 한 번 놀라게 될 것이다.

디종 겨자와 씨겨자

미식의 수도 리옹

론알프스

모리스 에드몽 사이야르 Maurice Edmond Saillard, 필명 퀴르농스키Curnonsky라는 유명한 미식 비평가가 리옹 Lyon을 미식의 수도라고 말한 것은 결코 우연이 아니었다. 식문화적 관점에서 볼 때 론알프스Rhône-Alpes의 중심지 리옹은 전략적 요충지에 위치하고 있다. 이미 로마 정복기 때 리옹은 갈리아 식민지의 수도이자 교통의 요충지로서 식료품 유통경로의 중추적 역할을 담당하던 도시였고, 때문에 자연스럽게 이국의 다양한 향신료와 조리법이 전파될 수 있는 환경이 조성되었던 것이다.

게다가 브레스Bresse의 질 좋은 닭, 샤롤레Charolais 지방의 소, 돔브Dombes 호수의 신선한 생선, 가까운 숲에서 나는 야생버섯과 사냥꾼들의 본능을 자극하는 풍부한 야생짐승, 론Rhône 계곡의 야채와 과일들, 그리고 북쪽으로 펼쳐진 보졸레Beaujo-lais의 포도밭 등 모든 것들이 리옹에서는 한 손에 잡히니, 이보다 더 좋을 수는 없을 것이다.

로마 정복기 이후 리옹에는 상업의 발달로 신흥부자들이 생겨나게 되었다. 새로운 요리를 즐기고 싶어하던 신흥계급은 자신의 부를 이용해 최고의 재료를 사들이고, 훌륭한 여성 요리사들을 고용하였다. 리옹의 식도락이 꽃을 피우기 시작한 것이다.

특정계급을 위한 요리가 형태를 달리하며 민중 속으로 스며들기 시작한 것은 제1차 세계대전이 터지면서부터였다. 전쟁으로 인하여 일자리를 잃은 여성요리사들이 거리로 나와 자신의 레스토랑을 열게 되었는데, 사람들은 그녀들을 레 메레 리오네즈les mères lyonnaises라고 불렀다. 이는 '리옹의 어머니들'이라는 뜻으로, 집에서 어머니가 직접 만들어준 음식처럼 맛있다는 의미에서 붙여진 이름이었을 것이리라.

파리의 비스트로처럼 리옹에는 부숑bouchon이라는 개념의 레스토랑이 있었는데, 부숑을 주로 이용하던 사람들은 주로 면직공장이나 시장에서 일하던 가난한 노무자들이었다. 그들의 주린 배를 채워주기 위해 '리옹의 어머니들'은 정성을 다해 요리를 만들어냈다. 물론 부르주아 계급을 위해 만들던 음식과는 달리 싼 재료를 이용하여 저렴한 가격대의 음식을 만들었다. 토끼고기와 사과, 향신료, 호두, 셀러리 등을 갈아서 속 재료를 만들고, 양배추 잎으로 꽁꽁 싸서 천천히 육수에 익힌 요리, 겨자를 바른 돼지 머릿고기, 다양한 소시지와 익힌 감자를 곁들인 요리 등, 볼품없어 보이는 식재료를 맛난 음식으로 둔갑시키는 '리옹의 어머니들'은 마치 신기한 요술을 부리는 착한 마녀처럼 보인다.

브레스의 닭

16세기 말, 프랑스 국민들로부터 가장 사랑받는 왕이었으며 신교와 구교 사이의 피비린내 나는 종교전쟁을 종식시킨 앙리 4세(1553~1610)는 모든 프랑스 국민이 일요일마다 닭고기를 먹을 수 있기를 바랐다. 물론 왕의 소망으로 그쳤지만, 어쨌든 그로 인해 닭고기에 관련된 수많은 조리방법들이 개발되기 시작하였다.

닭요리를 위한 최고의 닭은 바로 브레스의 닭이다. 프랑스 최고의 닭이라 불리는 브레스의 닭은 파란색 다리, 새하얀 깃털, 그리고 붉은 볏 등 프랑스 국기의 삼색을 한 몸에 지니고 있다. 브레스에서 닭을 키우는 방법은 다른 지역과는 사뭇 다르다. 막 태어난 병아리를 35일 동안 키운 뒤, 목장에 자유롭게 풀어준다. 법적으로 한 마리의 브레스 닭은 10제곱미터의 공간에서 사육되어야 하며, 목장은 적어도 5,000제곱미터의 면적을 가져야 한다. 너무나 아름다운 자연 풍경 속에서 자유롭게 이리저리 뛰놀며 자란 브레스 닭의 명성이 높은 것도 당연한 일이다.

1957년 프랑스 입법부에서는 가금류로서는 유일하게 브레스 닭에 원산지 증명을 보장했는데, 이는 보통 포도주, 치즈에만 국한되어 있던 원산지 증명 등급을 가금류에 부여한 이례적인 일이었다. 또한 프랑스는 브레스 닭의 순수 혈통을 유지시키도록 엄격히 통제하고 있다.

브레스에서는 기간에 따라 닭을 부르는 이름이 다르다. 9주 동안 기른 것은 풀레poulet, 11주 된 것은 풀라르드poularde, 23주가 된 것은 샤퐁chapon이라고 부른다. 부르는 이름은 다르지만 모두 식탁 위로 올려지기 전에 통과해야 하는 과정이 있으니, 바로 에피네트épinette라고 불리는 작은 닭장에서 최고급 먹이를 먹고 더 이상 뛰지도, 발로 땅을 파지도 못하게 함으로써 살찌우는 것이다. 게다가 샤퐁은 귀족적인 대접을 받는데, 우유에 목욕하고 비단 이불을 덮고 잔다. 이렇게 애지중지 키운 브레스 닭은 한 마리에 원화로 최고 십만 원 이상을 받는다.

부드러운 살과 깊은 맛의 브레스 닭은 오븐에서 구워 먹는 것이 최고인데, 겉껍질이 마르지 않도록 흘러나온 육즙을 계속해서 위에 끼얹어줌으로써 바삭한 껍질과 촉촉한 속살을 동시에 맛볼 수 있게 된다. 가슴살 안에 속을 채워 넣고 굽거나,

생크림과 버섯을 넣고 조리하기도 하는데, 쇠고기보다 훨씬
비싼 닭고기가 있음에 놀라울 따름이다.

리옹의 소시지, 세르블라

돼지로 소시지나 햄 따위를 만드는 것을 샤르퀴트리charcut-
rie라고 하는데, 리옹은 프랑스 샤르퀴트리의 최고봉 중 하나
이다.

16세기에는 이탈리아 상인과 은행가들이 리옹에 많이 살았
는데, 자신들의 고향인 이탈리아의 요리비법을 많이 전파시켰
다. 세르블라cervelas라는 소시지도 이탈리아로부터 전파된 것
들 중 하나였음에 틀림없다. 피렌체에 비슷한 소시지가 존재
하기 때문이다.

오늘날 세르블라는 돼지 가슴살과 비계를 이용하여 만드는
데, 고기를 갈기 전에 소금, 후추, 육두구, 설탕을 넣고 냉장고
에서 이틀 정도 숙성시킨다. 고기를 갈 때 포트와인(porto)이나
코냑cognac으로 풍미를 더해주고 피스타치오나 송로버섯(트뤼
프) 혹은 모리유morille버섯을 넣어주기도 한다. 원하는 크기로
속을 채운 뒤 하룻밤 정도를 30℃에서 말린다.

트뤼프가 들어간 세르블라는 최소한 3퍼센트의 송로버섯을
포함해야 하지만, 이것의 가격은 무척 높다. 때문에 가장 많이
소비되는 세르블라는 피스타치오가 들어간 것으로, 90℃의 물
에 넣고 30~40분 정도 익혀서 먹는다.

달콤쌉싸름한 유혹, 쇼콜라

1900년경, 리옹은 이미 요리뿐만 아니라 초콜릿의 중심지로도 유명했다. 쇼콜라chocolat 장인들은 각자 자신만의 노하우를 통해 카카오 열매를 선별하여 구워내고 분쇄하여 집집마다 다른 맛의 쇼콜라 페이스트를 만들었다. 오늘날엔 상황이 많이 변하여, 리옹의 경우 단 한 곳에서만 여전히 카카오를 사용하여 쇼콜라를 만든다.

마야인에 의해 처음으로 카카오가 재배되었고, 그 후 아즈텍인으로 이어져 내려온 것이 쇼콜라이다. 카카오는 신성하고 귀한 생산물이어서 사람들에게 힘을 주는 음료를 만들 수 있었고, 또한 화폐로도 쓰였다. 1502년 크리스토퍼 콜럼버스가 구아나자Guanaja섬에 도착하면서 유럽인으로서는 처음으로 카카오의 맛을 보고, 그 후 아즈텍으로 금을 찾으러 갔던 에르난 코르테스Hernán Cortés가 당시 화폐로 쓰이고 있던 쇼콜라의 또 다른 가치를 간파하고 스페인으로 카카오를 가져온다.

17세기부터 프랑스 전역으로 퍼지게 된 쇼콜라는 유럽 각지의 귀족과 부자들에게 커피보다 더 사랑 받는 음료로 급부상하였다. 1776년 바욘Bayonne에 최초의 쇼콜라 공장이 문을 연다. 19세기에 들어서면서 쇼콜라는 프랑스의 므니에Menier, 스위스의 슈샤드Suchard, 네슬레Nestlé, 영국의 프라이Fry, 캐드버리Cadbury 등과 같은 회사들 덕분에 귀족들만의 특별한 먹을거리에서 벗어나 더욱 보편화된다.

포도주처럼 카카오도 열매의 질과 토양과 생산 지역의 차이점에 의해 그 성격이 달라진다. 쓴맛이 강하고 약간의 산미를 느낄 수 있는 포라스테로스forasteros는 전체 시장의 70퍼센트를 차지하고, 10퍼센트 정도를 차지하는 크리올로스criollos는 미묘한 풍미를 지닌다. 그리고 이 두 가지 종을 교배시켜 만든 트리니타리오스trinitarios는 카카오 버터의 함유량이 높고, 세계 수확량의 20퍼센트를 차지한다.

이제, 리옹의 유명한 쇼콜라트리chocolatrie(초콜릿만을 전문으로 제조하여 판매하는 공방)인 베르나숑Bernachon의 쇼콜라 만드는 과정을 살펴보자. 카카오를 종류에 따라 일정 비율로 섞고 부순 다음, 카카오 버터를 첨가하여 카카오 페이스트를 만든다. 여기에 설탕과 바닐라 빈을 넣어 쓴맛과 신맛을 제거하고 밀도를 높이기 위해서 1~3일 정도 진공 상태의 회전기 안에 넣어둔다. 이렇게 만들어진 쇼콜라는 성형하는 작업을 거치면 완성되는데, 63~70퍼센트의 카카오 함유량을 가지게 된다.

쇼콜라를 만드는 사람을 쇼콜라티에chocolatier라고 부르는데, 그의 창조성에 따라서 쇼콜라에 계피, 차, 커피, 호두 등을 넣어주기도 한다. 이렇게 완성된 쇼콜라는 하나의 작품으로서 가치를 가지게 되는데, 비싼 가격이 그것을 증명한다.

햇포도주, 보졸레 누보

'Le beaujolais nouveau est arrivé(보졸레 누보가 나왔다)!'라는

문구가 적힌 포스터를 11월이 되면 리옹의 선술집들과 부숑에서 쉽게 발견할 수 있다. 그리고 이 소식은 목마르게 새 포도주를 기다리던 손님들의 열렬한 환호를 받는다.

리옹에서는 오랜 전통이 하나 있었는데, 11월 1일 모든 성인 대축일인 투생Toussaint 이후 비스트로나 선술집에서 손님들에게 보졸레의 햇포도주를 대접하는 것이었다. 법적으로 프랑스에서는 최소 12월 이전에는 그해 생산된 포도주를 판매하지 못하도록 하고 있지만 특정 지역의 와인에 대해서는 한 달 전인 11월에 판매를 할 수 있도록 허가하고 있다. 그것이 바로 보졸레 누보인데, 누보nouveau는 '새로운'이라는 의미이니 이는 '보졸레 지방에서 나온 새 와인'이라는 뜻이다.

보통 리옹의 부숑은 한 해 동안 팔 보졸레 포도주가 가득 찬 참나무통을 구비하였는데, 당시는 포도주 양조기술이 턱없이 부족한 시절이어서 포도주의 신선하고 향긋한 향이 시간이 지남에 따라 점점 엷어졌다. 그러니 새 포도주가 나오는 축제의 시간을 얼마나 간절히 기다렸겠는가?

제2차 세계대전 중 리옹에 체류 중이던 신문기자들과 파리의 지성인들에 의해 발견된 이 전통은 전쟁이 끝나면서 '파리의 복부腹部'인 레알의 비스트로에서 재발견된다. 햇포도주를 뜻하는 프랑스어, 프리뫼르primeur라 불리기도 하는 보졸레 누보는 파리에서 큰 성공을 거두고, 이어 세계로 발돋움해 나간다.

보졸레 와인은 가메gamay라는 포도품종으로 담그는데, 매년

포도수확은 9월 3일에 시작하여 10월 27일 자정 전에 끝을 낸
다. 포도주는 포도원의 저장고를 떠나서 유통을 전담하는 네
고시앙négociant에게 보내지고, 거기서 병입되기 전까지 약 3일
동안 보관된다. 11월 11일 22시에 보졸레 누보가 가득 담긴
상자는 세계 곳곳으로 발송되는데, 상자에는 '11월 모某일까
지 마시지 마시오'라는 주의표시가 붙어 있다. 바로 이 부분이
보졸레 누보의 마케팅 과정에서 가장 돋보이는 부분이다. 세
계의 모든 식탁에 같은 날, 같은 시각에 햇포도주를 올려놓는
다는 전략인 것이다. 물론 시차는 인정해야 한다. 당연히 동아
시아 지역에서 가장 먼저 마실 것이다. 11월 셋째 주 목요일,
22시, 드디어 보졸레 누보는 잔에 따라진다.

보졸레 누보의 성공은 포도재배자들의 상술에 의한 것이기
도 했지만, 양조기술의 엄청난 발전에 힘입어 포도주의 질을
높인 성과이기도 했다. 적절한 발효를 위한 온도조절 기능과
천연탄산가스의 주입술 덕분에 오랫동안 신선한 과일 향과 풍
미를 유지할 수 있게 되었던 것이다. 그러나 보졸레 누보는 보
관할 수 있는 포도주가 아니기 때문에 해를 넘기지 말고 빨리
마셔야 한다. 그렇지 않으면 식초
로 변하기 때문이다.

와인 자체의 질과 맛에 비해 한
국에 들어온 보졸레 누보는 가격
이 지나치게 비싼 감이 있다. 하지
만 깊어가는 가을밤, 부르고뉴나

보졸레 누보의 라벨

보르도의 와인처럼 세련되고 고급스런 맛은 아니지만, 수확의
기쁨을 나누는 축제의 의미를 되새기면서 보졸레 누보를 즐긴
다면 기분 좋은 시간이 될 것이다.

지성적인 포도주의 고장, 보르도

보르도

보졸레의 가벼운 과일향을 뒤로 하고, 이번에는 부르고뉴, 샹파뉴 지방과 더불어 프랑스 3대 와인 생산지인 보르도Bordeaux의 묵직한 포도주를 찾아 길을 떠나보자. 부르고뉴의 포도주가 감성적이라면 보르도의 포도주는 지성적인 포도주로 정평이 나 있다. 프랑스 포도주를 이해하기 위해서는 보르도를 이해해야 한다고 할 정도로 보르도 와인은 프랑스 와인 산업의 핵심이라 할 수 있다.

보르도에서 생산되는 와인의 양은 프랑스 포도주 전체 생산량의 10퍼센트밖에 차지하지 않지만, 전체 프랑스 AOC등급 포도주의 26퍼센트를 차지한다. 대부분의 보르도 포도주는 드라이한 적포도주이고, 15퍼센트 정도가 드라이한 백포도주이며, 약 2퍼센트가 소테른Sauternes과 같은 달콤한 백포도주다.

보르도 지역은 부르고뉴와는 달리 여름엔 덥고 겨울엔 온난한 해양성 기후에 속하는데, 변덕스런 날씨로 인해 보르도 포도주는 제조년도에 따른 영향을 비교적 많이 받는다. 흔히 1989년, 1990년, 1995년에 생산된 보르도 와인은 최고의 정점에 다다른 것으로 알려져 있다.

보르도 포도주 산지는 지롱드Gironde강을 중심으로 그 주변에 퍼져 있다. 그중에서도 중요한 보르도 적포도주 산지는 지롱드강 남쪽에 위치한 오메도크Haut-Médoc와 그라브Graves, 강북에 위치한 생테밀리옹Saint-Emilion과 포므롤Pomerol이고, 백포도주 산지는 지롱드강의 지류인 가론Garonne강과 도르도뉴Dordogne강 사이에 위치한 앙트르되메르Entre-Deux-Mers이다.

강남의 땅은 자갈이 많고, 강북은 점토가 많다. 카베르네 소비뇽Cabernet-Sauvignon은 자갈땅을 선호하여 강남에 해당하는 메도크나 그라브 지방의 주요 품종이며, 점토를 좋아하는 메를로Merlot는 강북에 해당하는 생테밀리옹과 포므롤 지역의 주요 품종이다. 따라서 강남의 포도주는 강북의 포도주와 성격에서 구별이 된다. 반면 같은 지역의 포도주, 즉 메도크와 그라브, 포므롤과 생테밀리옹의 포도주는 때때로 그 성격을 구별하기 힘들 정도로 비슷한 느낌을 준다.

일반적으로 강남 지역에서 나오는 포도주는 타닌이 풍부하여 떫은맛이 무척 강한데, 카베르네소비뇽으로 만든 포도주는 그 특성상 수십 년 정도 묵혀서 마셨을 때 진가를 알 수 있다. 반면에 강북의 메를로 품종으로 만든 포도주는 5년에서 8년 정도 숙성시켜 마시며, 과일 향과 풍미가 있어 와인 초보자들이 접근하기에 비교적 용이하다.

"샤토 라피트Château Lafite, 샤토 마르고Château Margaux, 샤토 라투르Château Latour, 샤토 무통로실드Château Mouton-Rothschild 그리고 샤토 오브리옹Château Haut-Brion, 이렇게 다섯 가지 와인은 일등급 크뤼에 속한다"는 말을 들었다고 치자. 와인에 문외한이라면 이게 무슨 소린가 골똘히 생각해 볼 것이다. 어느 분야나 다 그렇듯, 와인에도 전문용어가 존재한다. 프랑스 와인을 어렵게 생각하는 이유 중 하나가 바로 와인의 이름과 산지, 그리고 해당 등급에서 오는 낯섦일 것이다. 1855년 파리에서 열린 세계 박람회(l'Exposition universelle)의 주최측은 박람회에 출품하기 위한 보르도 포도주의 등급을 만들어 줄 것을 보르도 상공회의소(Chambre de Commerce)에 요구하였다. 상공회의소 측은 보르도 포도주 중개상에게 이 작업을 넘겼고, 중개인들은 메도크와 그라브 지방의 61개의 최고급 레드 와인을 생산하는 샤토Château(본래 프랑스어로 성城을 의미하지만, 여기서는 포도주를 생산하는 포도원을 의미)를 선정하여 크뤼cru(포도원의 단위)별로 다섯 개의 등급으로 나누었다.12)

등급을 받은 적포도주를 때때로 그랑 크뤼grand cru라고 부르는데 이는 '위대한 포도원'이라는 뜻으로, 보르도 지방에 8천여 개의 샤토가 있고 1만 3천 명의 생산자가 있다는 사실을 감안해볼 때 적절한 호칭임을 알 수 있을 것이다.

1855년의 분류는 이후로 잘 유지되어, 시간이 지난 지금도 그대로 사용되고 있다. 물론 그사이에 등급을 받은 샤토가 그에 걸맞은 수준의 포도주를 생산하지 못할 수도 있고, 또는 등급을 받지 못한 샤토가 등급에 진입할 만한 좋은 포도주를 생산할 수도 있었겠지만, 등급과 관련하여 단 한 번을 제외하고는 별다른 수정이 없었고, 앞으로도 가까운 미래에는 없을 것이다. 그 단 한 번의 예외적인 경우는 바로 '샤토 무통로실드'인데, 이 포도주는 2등급(seconds crus)에 있다가 1973년에 1등급(premiers crus)으로 승격하였다.

이번엔 달콤한 화이트 와인으로 유명한 소테른에 대해 알아보자. 푸아 그라와 가장 잘 어울리는 와인으로 알려진 소테른 지방의 와인은 그 맛과 풍미에 있어 무궁무진한 가능성을 제시한다. 보르도 그라브 지역의 소테른에서 나오는 이 와인은 귀부貴腐와인이라고도 불리는데, 귀부와인은 말 그대로 귀부병에 걸린 포도를 가지고 만든 와인이다. 세미용Sémillon이라는 포도품종의 얇은 껍질에 세균성 곰팡이인 보트리티스 시네레아Botrytis cinerea가 번식을 하게 되면 포도 내부의 수분은 증발되지만, 동시에 당분이 높아진다. 소테른 지방은 보트리티스가 번식하기에 좋은 늦가을엔 아침에 안개가 많이 끼고 오후에는 햇살이 비치는 기후조건을 갖추고 있다. 그리하여 1855년 등급을 매길 때 소테른 중심부에 위치한 샤토 디켐Château d'Yquem은 달콤한 백포도주로서 최고 1등급(premier cru supérieur)을 받게 되었다.

일반적으로 알려져 있듯 육류에는 레드 와인, 생선이나 해산물에는 화이트 와인이 잘 어울린다. 그렇지만 꼭 이것을 따를 필요는 없다. 개인마다 와인의 맛에 대해 느끼는 차이가 있기 때문이다. 또한 비싼 와인이라고 다 맛이 좋을 것이라는 것도 일종의 편견이다. 와인은 살아 있는 음료이기 때문에 공장에서 찍어낸 음료수처럼 맛이 일정하지가 않다. 아무리 유명한 그랑 크뤼 와인이라고 할지라도 독립와인업자(vignron independant)가 정성껏 만든 와인이 더 나을 수도 있음을 간과하지 말자.

포이약의 새끼양고기

메도크 지역의 척박한 땅은 포도농사에는 적합했을지 몰라도, 전통적인 농사에는 부적합하였다. 그러나 대서양에서 가깝고 또한 지롱드강에서 가까운 위치여서, 겨울의 온난한 날씨 아래 포도는 물론이거니와 영양 많은 풀들이 많이 자랄 수 있었다. 상황이 이러하니 자연스럽게 이 지역은 내륙지방의 산에서 한여름을 보내고 겨울을 나기 위해 내려온 양떼들을 위한 장소로 사용되었다.

포도수확이 끝난 포도원의 주인들은 포도밭에 천연비료를 주는 양떼들을 쌍수를 들고 환영하였다. 대서양으로부터 오는 소금기가 스며든 풀을 뜯은 새끼양의 고기는 부드러운 풍미를 품었고, 이런 양고기를 양치기들은 부활절에 내다 팔았다. 그러면서 차츰 메독 지방의 마을인 포이약Pauillac은 부활절 축제를 위한 양고기 생산의 중심지로 떠올랐다. 뛰어난 고기 맛은 금세 유명해졌고, 포이약의 새끼 양고기는 프레살레le pré-salé('미리 소금이 뿌려졌다'는 뜻으로, 소금기 있는 풀을 뜯고 자란 양이라는 의미를 내포)라는 별명까지 얻으면서 최고로 질 좋은 양고기의 대명사가 되었다. 오늘날에는 포도수확이 끝난 다음에도 포도원에서 양들을 더 이상 키우지 않지만, 1985년에는 다양한 공조 안에서 포이약의 새끼양이 최고 품질이라는 명성을 얻었다.

질 좋은 메도크산 그랑 크뤼 포도주와, 같은 땅에서 기른 양고기의 그랑 크뤼 프레살레는 서로 궁합이 딱 맞는 음식이다. 부르고뉴의 달팽이 요리와 부르고뉴산 백포도주가 어울리듯이 말이다.

남부의 태양이 숨쉬는 툴루즈

툴루즈, 오베르뉴

뜨거운 태양 아래, 자유로움과 자연스러움이 살아 숨쉬는 남부 피레네Phyrénées 지방은 그 분위기만큼이나 다양한 먹거리를 제공한다. 돼지고기를 주재료로 하여 만든 찜 요리 카술레le cassoulet, 산에서 만든 맛 좋은 소시지와 햄, 그리고 블루치즈의 대명사 로크포르를 비롯한 다양한 오베르뉴Aubergne의 치즈 등은 남부 피레네의 중심지인 툴루즈Toulouse와 그 주변 지역에서 맛볼 수 있는 메뉴이다.

그중에서도 카술레는 랑그도크Languedoc와 툴루즈의 대표음식이라 할 수 있다. 음식을 조리하는 용기의 이름인 카술la cassole에서 그 이름을 딴 카술레의 주재료는 콩이다. 1530년경 멕시코에서 이탈리아로 들여온 콩은 당시로선 여러 이유로 환영을 받지 못하였다. 그러나 17세기에는 남부 피레네에 이르기까지 콩의 경작이 활발해졌고, 그 콩을 이용한 음식인 카술레도 자연스럽게 인기 음식이 되었다.

카술레는 준비과정이 무척 길고 까다로운 음식이다. 주재료인 콩을 12시간 동안 물에 불려 준비하고 돼지껍질, 돼지 뼈, 향신야채와 함께 넣고 1시간 정도 끓여낸다. 툴루즈 소시지(sauscisse de Toulouse)와 돼지고기, 콩피 드 카나르 등은 야채와 함께 따로 익혀 준비한다. 카술에 콩과 따로 익혀 준비한 소시지, 돼지고기, 오리 콩피 등을 넣고, 육수를 부어준 뒤 190℃ 오븐에서 익힌다. 수분이 다 날아가면 다시 육수를 붓고 여러 차례 반복하여 오븐에서 조리하면 마침내 위에 두꺼운 층이 형성되고, 콩에 재료의 깊은 맛이 배게 된다. 제대로 된 맛있는 카술레를 만들기 위해서는 8번 정도 오븐에 넣는 작업을 반복한다 하니, 그야말로 정성 없이는 만들 수 없는 음식이다.

향과 맛으로 무장한 야생 버섯

툴루즈 주변 지역인 로le Lot와 아베롱l'Aveyron은 야생 버섯(champignons sauvages)으로 유명하다. 이 지방에 펼쳐진 숲에서

세프

발견되는 버섯에는 세프cèpes, 지롤girolles, 모리, 트뤼프 등이 있다. 곁들이거나 양념을 위해 주로 쓰이는 다른 버섯들과는 달리, 세프는 그것 자체만으로도 한 끼 식사로 충분하다. 물에 씻지 말고 젖은 수건으로 하나하나 잘 닦아 적당한 크기로 자른 다음, 버터에 마늘이나 샬롯을 약간 넣고 강한 불에서 살짝 볶아낸 뒤 파슬리 다진 것을 살짝 뿌려주면, 그 맛이 기가 막히다.

미식가들의 수첩에는 그 뒤를 이어 지롤과 모리가 적혀있다. 지롤과 모리는 너무나 찾기가 어려워서 주로 음식의 향을 돋우거나 주재료의 속을 채우는 데 사용된다.

송로버섯이라 불리는 트뤼프의 경우 그 역사가 좀 특이하다. 1870년 필록세라phylloxéra라는 전염병이 로le Lot와 페리고르le Périgord 지역의 거대한 포도원을 타격했을 때, 그 빈 공간에 떡갈나무가 생겨났고, 그 밑동에 트뤼프의 포자가 서식하기 시작했다. 포도원을 덮친 엄청난 재난이 3대 진미 중 하나인 트뤼프를 탄생시킨 셈이 된 것이다. 20년 후 트뤼프의 황금시대가 시작되고, 페리고르는 이 신비한 향이 나는 검은 버섯의 상징이 된다. 일찍이 브리야사바랭은 트뤼프를 가리켜 '요리의 다이아몬드'라고 하였는데, 트뤼프가 가진 희소성과 풍부한 향, 그리고 1킬로그램에 원화로 백만 원이 넘는 엄청난 가격은 그 별명에 어울린다 하겠다.

11월 중순부터 수확을 시작하여 다음해 3월까지 계속되는
데, 예전엔 돼지를 이용하여 채취하였으나, 그대로 먹어버리
는 돼지의 습성으로 인해 요즘은 냄새를 잘 맡는 훈련된 개를
이용하여 채취한다. 같은 수프나 앙트레(전채)라 하더라도 트
뤼프를 얇게 썰어서 곁들이면 그 품격이나 가격은 곁들이지
않은 것에 비해 어마어마하게 올라가게 된다.

알제리에서 온 쿠스쿠스

132년간 프랑스의 식민지였던 알제리에서 프랑스인은 자연
스럽게 알제리 전통 음식인 쿠스쿠스le couscous를 프랑스로 가
져왔다. 19세기 말은 오리엔트Orient로부터 오는 모든 것들에
대해 열광하던 시기였고, 튀니지, 알제리, 모로코의 소위 마그
레브Maghreb 요리는 서구 문명의 대중을 유혹하는 데 부족함
이 없었다.

특히 1962년, 프랑스가 알제리로부터 철수하던 해에 쿠스
쿠스의 인기는 최고였다. 피에누아르Les pieds-noirs라는 별칭이
붙은 알제리 출신의 프랑스인들은 프랑스 남부 마르세유를 비
롯한 여러 도시에 정착하여 레스토랑을 열고, 그들만의 색깔
이 있는 고급 요리와 쿠스쿠스를 제공하였다. 특히 툴루즈에
는 마그레브 요리를 맛볼 수 있는 몇몇 솜씨 좋은 레스토랑이
있다.

쿠스쿠스는 거친 밀가루를 약간의 물과 함께 쪄서 단순히

부풀린 것을 말한다. 이 조리과정을 위해서 두 개의 솥단지를 겹쳐 놓은 쿠스쿠시에le couscoussier라는 조리 기구를 사용하는데, 밑에 놓은 솥에는 국물이 들어 있고, 위에 올린 솥은 작은 구멍들이 나있다. 그래서 국물이 끓으면서 뜨거운 김이 올라가면, 그 열기로 위에 올린 솥 안에서 거친 밀가루는 쿠스쿠스로 탈바꿈을 하는 것이다.

쿠스쿠스는 단순하면서도, 다양한 방법으로 준비할 수 있는 요리이다. 다만, 한 가지 꼭 지켜야 할 사항은 국물이나 소스를 충분히 준비해야 한다는 것이다. 알제리에서는 쿠스쿠스를 먹을 때 직접 손가락으로 집어 먹는데, 찰기가 없는 쿠스쿠스를 집기가 여간 어려운 일이 아니다. 따라서 국물이나 소스를 뿌려서 함께 먹는다. 식기를 이용해 먹는다고 해도 퍽퍽한 쿠스쿠스를 맛있게 먹기 위해서는 소스가 필수다.

다진 고기로 만든 완자, 푹 익힌 양고기 스튜, 양고기와 소고기에 매운 향신료를 넣고 만든 소시지의 일종인 메르게즈 merguez 등 쿠스쿠스는 위에 어떤 재료를 올리고 곁들이냐에 따라 다양하게 즐길 수 있는 요리다. 매콤하면서도 감칠맛 나는 쿠스쿠스는 한국인의 입맛에도 잘 맞는다.

천의 맛을 지닌 프로방스

프로방스, 코트다쥐르

수십 년 동안, 매력적인 프로방스Provence는 프랑스 전국을 비롯한 세계 각지에서 몰려드는 관광객들은 차치하고라도 시인, 화가, 사진작가, 영화예술가 등 다양한 예술인들을 매료시켰다. 시시각각 변하는 색깔과 형태의 마을, 요술지팡이로 만들어 놓은 듯한 자연풍경과 그것을 비추는 햇살, 그리고 바람의 부드러운 속삭임 등, 프랑스의 다른 어떤 지방도 그런 감흥을 불러일으키지는 못한다.

흰말과 검은 들소가 유유히 노니는 카마르그La Camargue, 야자수와 고급스런 빌라들이 지중해 연안을 따라 멋진 자태를 뽐내고 있는 코트다쥐르La Côte d'Azur, 옛 교황청의 위엄이 당당한 아비뇽Avignon, 다양한 국적의 인종이 모여 있는 다혈질의 도시 마르세유Marseille. 이처럼 천의 얼굴을 지닌 프로방스는 천의 맛을 가지고 있기도 하다.

프로방스는 프랑스 제일의 야채와 과일 공급원이기도 하고, 동시에 각종 허브와 올리브의 공급원이기도 하다. 그뿐인가. 벌꿀, 염소치즈, 말린 소시지, 들소고기뿐만 아니라 염소고기, 양고기, 말고기, 와인 등이 풍부하다.

풍성한 재료를 가지고 그 신선함을 잘 살리도록 노력한 결과, 프로방스의 요리는 색이 있고, 맛도 좋으며, 비타민이 풍부하고 풍미가 있다. 특히 이 지방의 요리는 소스에 마늘과 멸치를 많이 이용하는데, 이탈리아와 인접해 있기 때문에 쓰는 재료와 음식이 많이 비슷하다. 올리브 오일을 주로 사용하며 토마토와 허브를 많이 쓰는 프로방스 음식은 다른 프랑스 지방의 음식에 비해 한국인 입맛에 친근하게 다가온다.

지중해식 생선찌개, 부야베스

'끓이다'라는 의미인 부이이bouillir와 '낮추다'라는 의미의 아베세abaisser, 두 개의 동사를 합쳐 부르는 유명한 지중해식 생선찌개인 부야베스bouillabaisse는 프로방스의 속담 '수프가 끓으면 불을 줄여라(quand ça bouille tu baisses)'에서 나온 이름이다. 원래 마르세유의 어부들이 포획한 생선들 중 자신들이 먹기 위해 값싼 것들만 따로 모아서 한꺼번에 넣고 끓여 먹었던 데서 유래한 부야베스는, 팔리지 않고 남은 생선이나 이리저리 차여서 형태가 안 좋아진 생선에 양을 늘리기 위해 감자를 넣고 끓여 먹었던 가난한 이들의 음식이었다. 하지만 지금은 마르세유를 비롯한 지중해 연안 도시의 고급 레스토랑에서 파는 값비싼 음식이 되었다.

맛 좋은 고급 부야베스를 끓이는 데는 몇 가지 원칙이 있다. 생선의 신선함은 절대적인 조건이고, 국물의 맛을 결정짓는 생선의 다양성과 양이 중요하다. 모든 신선한 생선은 주문 받기 전에 미리 익혀서는 안 된다. 그리고 부야베스의 가장 중요한 향신료라 할 수 있는 사프란safran은 순수한 진품을 써야 한다. 파프리카나 다른 프로방스의 허브로는 사프란의 향을 대체할 수 없기 때문이다.

과거에 어부들의 부야베스는 바닷물을 가지고 끓였다. 물이 끓기 시작하면 지중해의 다양한 생선과 프누이fenouil (회향)와 토마토를 넣고 약한 불에 익혀서 준비하였던 것이다. 그러나 오늘날의 고급스런 마르세유식 부야베스는 바닷물 대신에 생선 수프를 사용한다. 작은 생선들과 토마토, 회향, 마늘, 양파, 사프란 등을 넣고 끓여 생선 수프를 만든 후 내용물을 모두 갈아서 고운체에 내린다. 이렇게 준비된 수프에 지중해의 생선 6가지 종류를 넣고 익힌다. 그야말로 생선 영양탕이라 부를 수 있을 것이다.

마르세유의 고급 식당에 가면 부야베스의 가격을 보고 놀라는 사람들이 많다. 외국인 관광객뿐만 아니라 프랑스인 관광객조차도 그러하다. 하지만 한 지역의 식문화를 느끼고, 특별한 조리법으로 만들어 낸 부야베스의 맛을 볼 수 있는 기회는 그만큼의 값어치를 할 것이다.

올리브 오일

올리브 오일 없는 프로방스 요리는 마치 오아시스 없는 사막과도 같다. 지중해 연안에서 많이 보이는 올리브 나무는 이미 오래 전에 프로방스 지방에 야생의 상태로 넓게 분포하였었고, 처음으로 올리브 나무를 재배하여 얻은 열매를 으깨어 기름을 짜기 시작한 것은 그리스인들이었다. 당시 올리브 오일은 요리에 쓰기에는 너무나 귀한 것으로 평가되어 주로 램프의 불을 밝히는 데 쓰이거나, 가톨릭의 전례에 필요한 기름으로 사용되었다.

로마인들에게 올리브 오일은 요리의 필수적인 재료였다. 최고의 지방성 식품이자, 남부 유럽 사람들에게는 기본이 되는 식품이었던 것이다.

기원전 600년, 지금의 마르세유에 자리를 잡은 페니키아인들이 처음으로 프로방스 지역에서 올리브 나무를 재배하기 시작하였다. 그 후 수 세기에 걸쳐 프로방스 사람들은 올리브 나무를 재배하기 위해 각고의 노력을 기울였다. 올리브 나무의 무서운 적, 결빙結氷의 위험에 빠졌을 때도 그랬다. 프로방스의 따뜻한 기후에도 불구하고 이상기온으로 인해 서리를 맞은 올리브 나무는 추위를 견디지 못하였던 것이다.

최근 건강에 대한 이슈가 대두되면서 올리브 오일에 대한 소비자의 관심이 급증하고 있다. 올리브 오일은 소화기능을 돕고, 신체기관에 긍정적인 영향을 끼치며, 동물성 기름은 물론 다른 식물성 기름보다도 불포화 지방산의 함유량이 높아서 심장 질환의 원인이 되는 혈중 콜레스테롤 수치를 낮추는 데 도움이 되기 때문이다. 게다가 항산화물질을 많이 가지고 있어서, 동물성 기름이나 여타 식물성 기름처럼 건강에 해로운 유독가스를 배출하지 않고도 200℃ 이상까지 견뎌낸다. 이런 장점들로 인해, 올리브 오일을 사용하는 지중해 요리는 점점 프랑스 전역으로 퍼져나가고 있다.

11월이 되면 올리브 나무에 매달린 열매들은 거무스름하게 색이 변하면서 성숙에 있어서 최고의 정점에 다다르게 된다. 검게 변한 올리브는 그렇지 않은 올리브에 비해 더 향기롭고 자극이 없다. 보통 올리브 나무 한 그루에서 10~30킬로그램 올리브를 얻을 수 있는데, 기계나 손으로 수확을 하여 냉冷식 압착방법(la pression à froid)에 의해 기름을 짠다.

우선, 첫 번째 과정으로 올리브 열매를 깨끗이 세척하고 골라내는 작업을 한다. 그리고 화강암으로 된 맷돌에 넣고 갈아주는데, 올리브의 속살과 씨가 함께 으깨어지면서 반죽이 형성된다. 여기서 돌을 사용하는 이유는 갈면서 온도가 상승하는 것을 방지하기 위해서이다. 오늘날에는 기계를 이용하여 맷돌을 돌리지만, 이 점만 빼놓고는 모든 방법이 예전과 같다.

다음 과정으로, 올리브를 으깨어 얻은 반죽을 스크루탱 scroutins이라고 불리는 둥근 체 위에 올리는데, 과거에는 이 체를 야자열매 껍질의 섬유질로 만들었으나 요즘에는 나일론을 이용한다.

반죽에 서서히 압력을 가하면, 수분을 포함한 기름이 나오게 된다. 예전에는 기름이 물보다 가볍다는 점을 이용하여 저절로 분리되는 방법을 사용하였지만, 이 방법을 쓰면 기름이 공기와 너무 오랫동안 접촉하게 되는 나쁜 점이 있었다. 그래서 오늘날에는 원심분리기를 이용하여 첫 번째 압착한 양질의 올리브 오일을 얻는다. 이렇게 만든 올리브 오일은 흔히 우리가 접하는 수입된 올리브 오일과는 달리, 뿌옇고 연둣빛이 나며, 맛이 진한 순수 올리브 과즙이다. 포도주처럼 올리브 오일 역시 생산년도를 병에 표시하여 묵혀서 먹는데, 시중에 유통되는 올리브 오일의 가격은 언제, 어떤 식으로 생산되었느냐에 따라 천차만별이다.

다양한 야채 요리

야채를 좋아하는 사람들에게 프로방스 지방은 천국이다. 프로방스의 노천시장에 가보면 그 사실을 눈으로 직접 확인할 수 있는데, 다양한 야채들이 형형색색으로 맛과 향기를 풍기며, 장관을 연출한다. 이런 환경은 자연스럽게 프로방스의 야채 요리를 발달시켰다.

지리적으로 매우 가까운 이탈리아는 프로방스의 야채 요리에 무시할 수 없는 역할을 담당하였다. 일종의 야채 퐁뒤fondue인 바냐 카우다bagna cauda는 브로콜리, 당근, 피망, 앙디브endive 등의 야채를 막대모양으로 썰어서 안초비anchovy와 마늘, 올리브 오일로 만든 뜨거운 소스에 넣고 아삭하게 익혀서 먹는 요리다. 바냐 카우다는 원래 북 이탈리아의 피에몬테Pié-monte 지방 요리 중 하나인데, 서서히 프랑스인의 입맛을 사로잡았다.

프로방스에서 또 빼놓을 수 없는 것이 아이올리aïoli와 피스투pistou이다. 아이올리는 카탈루냐 지방을 비롯하여 스페인 전 지역에서도 즐겨먹는데, 프랑스인들은 진정한 아이올리는 프로방스 지역에서만 먹을 수 있다고 주장한다. 프로방스에서 생산되는 마늘과 올리브 오일을 절구에 넣고 찧어 만든 아이올리는 다양한 재료들과 함께 먹는데, 생선뿐만 아니라 소고기, 양고기, 완숙계란, 다양한 야채에 곁들여 먹는다.

이탈리아에서는 페스토pesto라 불리는 피스투는 마늘과 올리브 오일, 그리고 파르마 치즈와 바질을 넣고 찧어 만든 일종의 소스로 생선이나 양고기와 함께 먹기도 하는데, 특히 유명한 피스투 수프의 기본양념으로 쓰인다. 피스투 수프 외에, 호박이나 토마토를 주재료로 한 수프도 있다.

또한 프로방스는 팡 바냐pan bagnat라는 작고 둥근 빵으로
유명하다. 팡 바냐는 양파, 토마토, 블랙 올리브, 계란, 멸치,
피망 등을 올리고 올리브 오일을 위에 뿌려 만든, 피자 같은
빵이다.

흙으로 만든 옹기의 이름인 티앙tian은 음식의 이름으로 쓰
이기도 하는데, 야채를 이용한 그라탱을 티앙에 넣어 조리한
다 하여 붙여진 이름이다. 티앙을 만들 때 역시 올리브 오일과
마늘은 필수 재료이다.

잊고 넘어갈 수 없는 또 다른 프로방스의 야채 요리, 라타
투유ratatouille는 니스에서 탄생하였는데, 유럽인의 입맛을 사로
잡은 유명한 요리이다. 프로방스의 대표적인 삼색 야채인 호
박, 가지, 토마토를 마늘과 양파를 넣고 올리브 오일에 천천히
익힌 요리로서, 뜨겁게 하여 고기나 생선 요리에 곁들이기도
하고, 더운 여름엔 차갑게 하여 먹기도 한다.

그렇다면 프로방스에는 야채요리만 발달하였는가? 그건 아
니다. 알퐁스 도데Alponse Daudet의 소설 「별」을 읽으면서 느낄
수 있듯이 프로방스의 목가적 분위기
에서 흔히 볼 수 있는 양으로 만든 고
기 요리와 가금류 요리는 여느 프랑스
의 지방들처럼 다양하고 입맛 당긴다.
사실 프로방스의 아름다운 대자연 속
에서 그 어떤 음식인들 맛없게 느껴지
겠는가?

라타투유

현대 프랑스 요리와 그 거장들

이제 끝으로, 지금까지 살펴본 프랑스 각 지방의 전통적인 요리와 특산물에 현대적인 요리 감각을 가미한 프랑스 미식에 대해 알아보도록 하자.

이미 오래전부터 프랑스 미식의 진수를 맛볼 수 있는 레스토랑에 대한 평가와 그에 따른 눈에 보이지 않는 경쟁은 계속 이어져 내려오고 있는데, 평가의 주 매개체로 활약하는 레스토랑 안내책자가 있었으니, 소위 '빨간 안내책'으로 통하는 『기드 미슐랭*Le Guide Michelin*』(미쉐린 가이드)이 그것이다.

할아버지, 아버지 그리고 그 아들까지 3대와 함께 커온 레스토랑 안내 책자인 『기드 미슐랭』이 탄생한 배경은 20세기 초로 거슬러 올라간다. 타이어 회사로 유명한 미슐랭은 1900

년 파리 세계박람회에 온 관람객들 중 자동차 소유자에게 400
페이지 정도의 작은 안내책자를 무료로 나누어 주었다. 겉표
지는 빨간색이었고, 첫 장에는 이렇게 씌어 있었다.

> 이 책은 프랑스를 여행하는 자가용 운전자에게 자동차
> 고장 수리소에 관한 정보뿐만 아니라, 잠잘 수 있고, 식사할
> 수 있고, 글 쓸 수 있고, 전보나 전화도 걸 수 있는 장소에
> 대한 정보를 제공합니다.

그 후, 1920년부터 독자들로부터 신임을 얻기 위해 안내서
의 모든 광고를 없애기로 결정하면서 『기드 미슐랭』을 유료화
시키고, 곧 프랑스뿐만 아니라 다른 나라의 여행자들에게도 유
용한 정보를 제공하는 세계적인 안내서로 자리를 잡아 갔다.

1926년 이래로 『기드 미슐랭』은 레스토랑 평가에 별을 사
용하였다. 요리사에게 하나, 둘, 혹은 세 개의 별을 부여함으
로써 그의 능력에 대한 확신을 손님에게 줄 수 있었고, 결과적
으로 요리사는 명성과 명예와 많은 손님, 즉 부를 거머쥘 수
있게 되었다. 이제 돈 많은 부자들은 별 세 개를 받은 셰프chef
가 있는 레스토랑의 자리를 얻기 위해 몇 달 전부터 예약해야
하는 수고를 아끼지 않고, 대부분의 사람들이 언젠가 그런 레
스토랑에서 식사를 할 수 있기를 꿈꾼다.

그러나 별을 받는다고 무조건 좋은 것은 아니다. 받은 별을
유지한다는 것도 무척 힘든 일이기 때문이다. 『기드 미슐랭』

은 좋은 레스토랑에 손님을 끌고, 별을 얻기 위해, 혹은 얻은 별을 잃지 않기 위해 노력하도록 셰프의 요리감각을 자극시켜 왔다. 몇몇 셰프는 수십 년 동안 별 3개를 유지해오기도 하는데, 1965년 이래로 계속 별 3개를 얻고 있는 보퀴즈*Bocuse*와 1968년 이래로 별 3개를 유지하는 트루아그로*Troisgros*는 그 대표적인 예다.

미슐랭이 전통을 중시하여 평가를 하는 안내서라면, 『고에미요*Gault & Millau*』는 젊은 시각으로 패기와 창조성에 초점을 맞추어 레스토랑을 평가하는 안내 책자이다. 미슐랭의 유일한 라이벌 책자인 『고에미요』는 노란색 겉표지에 별 대신 20점 만점을 기준으로 점수와 요리사 모자의 아이콘을 달아준다.

레스토랑 안내 책자를 만드는 데 있어서 가장 중요한 부분은 직접 레스토랑을 방문하고 이용해봄으로써 정확한 정보를 제공하는 것인데, 『기드 미슐랭』은 그를 위한 예산을 높게 책정하여, 외식업 종사자들로부터 평가관이 유일하게 돈 내고 식사하는 회사로 인정받고 있다.

『기드 미슐랭』의 평가관은 한 레스토랑을 같은 해에 2번 내지 3번 방문하는데, 남녀 커플 혹은 남자 두 명이 방문하며, 식전주는 잘 마시지 않고 한 명이 화장실과 실내의 청결을 확인한다. 바로 다음 날이나 며칠 후 재방문을 하여 이전의 평가 내용을 다시금 확인하는 과정을 거친 후 최종 평가를 내리게 된다. 이런 안내 책자들의 평가에 대해서 몇 년 전 프랑스 최고 요리사 중 한 명이었던 베르나르 루아조의 자살과 관련된

찬반 공방이 있었지만, 어쨌든 긍정적인 면이 있는 한 이러한 안내 책자는 계속 존재할 것으로 보인다.

스타 레스토랑, 스타 셰프

『기드 미슐랭』의 별에 대한 설명을 보면, 별 하나를 얻은 레스토랑은 그 식당이 속한 카테고리에서 매우 좋다는 뜻이고, 별 두 개를 얻은 레스토랑은 가던 길을 돌아갈 정도로 매우 훌륭하다는 뜻이며, 별 세 개를 받은 레스토랑은 그곳까지 일부러 여행을 할 만한 가치가 있을 정도로 최고의 맛을 보여준다는 뜻이라고 풀이하고 있다. 사실 별은 그 레스토랑 자체에 주는 것이 아니라 그곳의 셰프에게 주는 것이므로 그 셰프가 자리를 이동하면 별도 함께 그 레스토랑에서 사라진다.

프랑스 각 지방에는 그 지방의 전통 요리와 현대적 감각의 요리가 한데 어우러진 프랑스 가스트로노미gastronomie의 향연을 즐길 수 있는 멋진 레스토랑들이 즐비하다. 그러나 소위 '별'을 받은 레스토랑은 한정되어 있는데, 모든 스타급 레스토랑을 소개하는 것은 레스토랑 안내 책자에 맡기고, 여기서는 몇몇 스타급 레스토랑과 쉐프들을 살펴보기로 하자.

지도 위에서 보듯이 프랑스의 수도인 파리의 피에르 가녜르Pierre Gagnaire, 부르고뉴 지방에 자리잡은 라 코트 도르La Côte d'Or, 리옹 근처의 폴 보퀴즈Paul Bocuse와 라 메종 트루아그로la maison Troigros, 피레네 근처에 위치한 미셸 브라Michel Bras, 그리고 향수香水 생산지로 유명한 그라스Grasse의 바스티드 생탕투안Bastide St-Antoine 등은 프랑스인이라면 한번쯤은 들어봤음직한 각 지방의 유명 레스토랑들이다.

프랑스의 미슐랭 스타 레스토랑들

프랑스의 레스토랑들은 오너 셰프가 많은 편인데, 폴 보퀴즈, 미셸 브라처럼 오너 셰프 자신의 이름을 딴 레스토랑도 참 많다. 파리의 발자크Balzac 거리에 위치한 피에르 가녜르도 레스토랑의 이름이면서 동시에 셰프의 이름이기도 하다. 가녜르는 종종 요리사라기보다는 예술가로 불리는데, 하얀 접시를 마치 캔버스처럼 다루어 아름다운 모양으로 눈을 놀라게 하고, 훌륭한 맛으로 다시 혀를 놀라게 한다.

현대 프랑스 요리의 전설 같은 존재, 폴 보퀴즈는 프랑스 리옹에만 4개의 식당을 가지고 있고 도쿄와 플로리다에도 자신의 외식업체를 가지고 있는 세계적인 요리사다. 게다가 그의 이름을 달고 나온 요리책의 가짓수만 해도 어마 어마하다. 페르낭 푸앵Fernand Point과 메르 브라지에Mère Brazier 밑에서 일을 배운 보퀴즈는 1958년 첫 번째 별을 얻고, 1960년엔 두 번째 별을, 세 번째 별은 그로부터 5년 뒤인 1965년에 얻었다. 그의 나이 39살, 전후戰後 가장 젊은 셰프로서 별의 위력을 이용하여 부와 명예를 동시에 거머쥐게 된다.

또한 누벨 퀴진의 선구자로서 야채의 조리방법에 대해서도 많은 노력을 기울여 연구하였다. 가장 전통적이면서 고급스러움을 잃지 않고, 35년이 넘는 세월 동안 별 3개를 유지하면서 프랑스 최고 미식을 위해 정진한 그는 가히 입지전적인 인물이라 할 수 있겠다.

리옹에서 7번 국도를 타고 가다 보면 만나게 되는 작은 도시 로안Roanne에는 3대째 별 3개를 유지하는 레스토랑 트루아그로가 있다. 1968년 이래로 로안 역사驛舍 앞에 자리 잡고 등대 역할을 해온 이 레스토랑은 미식가들에게는 신화적인 장소이다. 『기드 미슐랭과 함께 가이드북의 양대 산맥으로 일컬어지는 『고에미요』로부터 2003년의 세프로 선정되기도 한 미셸 트루아그로가 지금의 레스토랑 트루아그로를 진두지휘한다. 그의 요리의 특징은 동서양을 가로지르는 듯한 다양성에 있다.

반면 같은 해인 2003년 2월 『고에미요』로부터 2점 감점 당하여 19점에서 17점으로 떨어진 부르고뉴의 '라 코트 도르'의 세프였던 베르나르 루아조는 자살로 자신의 생을 마감하는데, 자살동기에 대해서는 논란의 여지가 많다. 로안의 트루아그로 형제 밑에서 도제생활을 하였고 1991년에 『기드 미슐랭』으로부터 별 3개를 얻은 루아조는 전통의 맛을 돋우는 요리로 유명하다. 현대판 에스코피에임을 자처했던 그는 과거의 요리기법을 현대적인 감각에 맞게 잘 적용시킨 프랑스 미식의 거장巨匠 중 한 사람이었다.

프로방스의 싱그러움이 물씬 풍기는 그라스Grasse에 위치한 '라 바스티드 생탕투안'은 자크 시부아Jacques Chibois가 오너 겸 셰프다. 그는 어느 노부부로부

자크 시부아의 생선요리

터 저택을 구입한 후, 프로방스와 잘 어울리는 그 집의 전통적인 외관은 그대로 놔두고 내부만 현대적으로 개조하여 사용하고 있다. 다른 셰프들도 그렇지만 현대의 요리사는 요리를 잘하는 것은 기본이고 사업가적 기질과 감각도 갖추어야 하는데, 자크 시부아는 그런 점을 여실히 보여주는 인물이다.

커다란 안경 너머로 고집스럽고 근엄해 보이는 이미지의 미셸 브라는 프랑스 미식이라는 거대한 거푸집을 거치지 않은 사람이다. 틀에 얽매이지 않는 자유스런 그의 요리는 남부 피레네의 라기올Laguiole이라는 곳에서 자라면서 그의 어머니로부터 물려받은 것인데, 접시 위에 담긴 그의 요리를 보고 있노라면 피레네의 멋진 자연풍경을 보는 듯한 착각에 빠진다. 실제로 그는 다양한 풍경을 접시 위에 형상화하는 작업을 한다.

지금까지 소위 '별' 달린 레스토랑의 음식과 셰프들에 대해 살펴보았는데, 실상 별이 하나라도 붙은 레스토랑의 음식값은 일반인이 편안하게 접근하기에는 부담스럽다. 그리고 꼭 별을 달아야만 훌륭한 레스토랑이라는 편견을 가진 프랑스인이 별로 없다는 것도 프랑스 요식업에 있어서는 무척 고무적인 사

실이다. 최근에는 현대적인 감각의 프랑스 요리를 일반인들도 부담 없이 접근할 수 있도록 하기 위한 노력들이 여기저기에 서 젊고 능력 있는 셰프들에 의해 시도되고 있다.

월요일 점심시간, 예닐곱의 젊은 요리사들이 함께 식사를 하며, 새로운 레시피와 식자재에 관한 정보를 교환하고 있다. 과거에 유명한 스타급 레스토랑의 요리사였던 그들은, 지금은 현대적 감각의 고급 프랑스 요리를 별 붙은 레스토랑에서 쓰 는 식기와 똑같은 것들을 사용하면서도 가격은 그 절반으로 제공하는 소위 '가스트로 비스트로gastro-bistro'의 오너 셰프들이 다. 파리 14구의 끝자락에 위치한 라 레갈라드La Régalade, 13구 이탈리아 광장Place d'Italie 초입에 위치한 라방구L'Avant- Goût, 6 구의 고급 백화점 봉 마르세Bon Marché의 맞은편 막다른 골목 길에 자리 잡은 레피 뒤팽L'Epi Dupin 등은 파리의 대표적인 가 스트로 비스트로이다.

그들은 박물관 같은 공간에서 '셰프 놀이'나 하는 그런 별 달린 레스토랑보다는 살아 숨 쉬는 공간, 사람들이 편히 쉬면 서 새로운 음식을 느끼고 즐길 수 있는 그런 공간을 원했다. 그래서 기존의 틀을 깨고 뛰쳐나와 아웃사이더로서 새로운 트 렌드를 불러일으키고 있는 것이다.

이 젊은 셰프들의 공통점은 전통을 무엇보다도 소중하게 생각한다는 것이다. 프랑스 전통 요리의 장점들을 기본 바탕 으로 해야만 현대적인 감각의 요리가 나올 수 있다고 생각하 는 것이다. 그들에게 있어서 진정한 고급 요리는 전통에 입각하여 질 좋은 재료를 가지고 솔직하면서도 창조적으로 요리하는 것이다. 값비싼 고급 식재료, 푸아 그라부터 싸고 보편적인 재료 오징어까지 나름의 노하우를 적용하여 만들어낸 그들의 음식을 맛보는 것 자체만으로도 특별한 경험이다. 언젠가 레피 뒤팽에서 식사를 한 적이 있었는데, 두터운 돼지 삼겹살을 아주 부드럽게 삶아서 겉에 튀김옷을 입혀 튀겨내고, 겨자로 만든 아이스크림을 옆에 곁들여주었다. 그야말로 무궁무진한 맛의 세계의 새로운 체험이었다. 전통을 중시하고 그것을 바탕으로 새로운 현대적인 요리를 창조해내는 프랑스의 식문화는 이처럼 계속적인 노력을 기울이는 젊은 요리사들에 의해 발전에 발전을 거듭하고 있다.

이에 비해 우리는 어떠한지 뒤돌아볼 필요가 있다. 서양요리에 관심 있는 젊은 요리사들은 많지만, 우리만의 것으로 받아들이고 그것을 통해 한식의 세계화를 이루어낼 수 있는 상상력과 창조성이 많이 부족함을 느낀다. 오래전 이탈리아 요리가 프랑스에 들어와 프랑스 요리로서 정착했듯이, 우리네 한식의 세계화를 위해서는 서양 요리를 바로 알고 응용할 수 있는 능력을 길러야 한다고 생각한다. 적을 알고 나를 알면 백전백승 아니겠는가!

역사 속에서 지속적인 발전을 해온 프랑스의 식문화는 전통이라는 튼튼한 바탕 위에서 낡고 쓸모없는 부분에 대한 반反이 성립되고 거기서 한 단계 발전된 합合을 도출해내는, 마치 정正, 반, 합의 변증법을 보는 것 같다.

프랑스의 아름답고 다양한 자연환경은 신선하고 맛 좋은 재료들을 제공하였고, 재능 있는 요리사들에 의해 맛의 비밀이 밝혀지고 후대에 전해져 내려왔다. 전통을 중요시하고 땅을 사랑하는 프랑스인들이 있었기에 가능했던 일이다. 우리도 언젠가부터 신토불이身土不二를 외치며 우리네 땅에서 나온 먹을거리의 소비를 촉구하고 있다. 이제는 단순한 캠페인의 수준을 넘어서, 우리가 가진 훌륭한 전통 요리의 장점을 바탕으로 우리 고유의 식문화를 소중히 가꾸어나가기를 기대해본다.

주

1) 야채나 과일을 짓이겨 걸쭉하게 거른 퓌레purée 상태의 소스.
2) 고기 뼈와 야채, 토마토 등을 이용해 끓인 갈색 육수에 밀가루와 버터로 만든 루roux를 넣어 농도를 맞춘 갈색이 나는 기본소스.
3) 맑은 육수에 루를 넣어 농도를 맞춘 흰색 기본소스를 말함.
4) 끓는 우유에 루를 풀고, 송아지 고기를 넣어 맛을 낸 소스.
5) 1957년경부터 프랑스 영화계에 일어난 '새로운 물결'을 뜻한다. 20~30대 젊은 영화인들이 전통적인 영화에 대항하여 새로운 영화제작을 시작한 것으로, 영화인의 작가정신을 강조하였다.
6) 소스나 기름에 육류나 생선류를 미리 담가 놓는 것을 의미.
7) 크리스토프 르페뷔르, 강주헌 옮김, 『카페의 역사』(효형, 2002), p.19 참조.
8) 36가지 치즈는 브리 드 모Brie de Meaux, 브리 드 믈렁Brie de Melun, 카망베르 드 노르망디Camembert de Normandie, 샤우르스Chaource, 뇌프샤텔Neufchâtel, 에푸아스Epoisses, 랑그르Langres, 리바로Livarot, 마루알Maroilles, 몽 도르Mont d'or, 묑스테르Munster, 퐁 레베크Pont-l'évêque, 브로추 코르스Brocciu corse, 샤비슈 뒤 푸아투Chabichou du Poitou, 크로탱 드 샤비뇰Crottin de Chavignol, 로카마두Rocamadour, 발랑세Valençay, 피코동 드 라르데슈Picodon de l'Ardèche, 폴리니생피에르Pouligny-saint-pierre, 생트모르 드 투렌Sainte-maure de Touraine, 셀쉬르셰르Selles-sur-cher, 블뢰 도베르뉴Bleu d'Auvergne, 블뢰 데 코스Bleu des Causses, 블뢰 뒤 오쥐라 에 드 젝스Bleu du haut-Jura et de Gex, 블뢰 뒤 베르코르사스나주Bleu du Vercors-Sassenage, 푸르므 당베르Fourme d'Ambert, 로크포르Roquefort, 캉탈Cantal, 라귀올Laguiole, 오소이라티Ossau-iraty, 르블로숑Reblochon, 생넥테르Saint-nectaire, 살레Salers, 아봉당스Abondance, 보포르Beaufort, 콩테Comté다.
9) *Plaisirs de la table en France*, Madrid: Mateu Cromo Artes Graficas, 1999, p2.
10) 노간주나무 열매.

11) 마귈론 투생 사마, 이덕환 옮김, 『먹거리의 역사』(까치,
2002), p.86.
12) 1등급: Château Haut-Brion, Château Lafite-Rothschild, Château
Latour, Château Margaux, Château Mouton-Rothschild (5
개)
2등급: Château Brane-Cantenac, Château Cos d'Estournel, Château Ducru-Beaucaillou, Château Durfort-Vivens, Château Gruaud-Larose, Château Lascombes, Château Loville-Barton, Château Loville-Las-Cases, Château Loville-Poyferr, Château Montrose, Château Pichon-Longueville Baron, Château Pichon-Longueville Comtesse de Lalande, Château Rausan-Ségla, Château Rauzan-Gassies (14개)
3등급: Château Boyd-Cantenac, Château Calon-Ségur, Château Cantenac-Brown, Château Desmirail, Château Ferrire, Château Giscours, Château d'Issan, Château Kirwan, Château La Lagune, Château Lagrange, Château Langoa-Barton, Château Malescot-Saint-Exupry, Château Marquis-d'Alesme-Becker, Chteau Palmer (14개)
4등급: Château Beychevelle, Château Branaire, Château Duhart-Milon Rothschild, Château Lafon-Rochet, Château La Tour Carnet, Château Marquis de Terme, Château Pouget, Château Prieur-Lichine, Château Saint-Pierre, Château Talbot (10개)
5등급: Château d'Armailhac, Château Batailley, Château Belgrave, Château Camensac, Château Cantemerle, Château Clerc-Milon, Château Cos-Labory, Château Croizet-Bages, Château Dauzac, Château Grand-Puy-Ducasse, Château Grand-Puy-Lacoste, Château Haut-Bages-Libral, Château Haut-Batailley, Château Lynch-Bages, Château Lynch-Moussas, Château Pédesclaux, Château Pontet-Canet, Château du Tertre (18개)

참고문헌

고봉만·이규식 외, 『프랑스 문화예술, 악의 꽃에서 샤넬 No.5까지』, 한길사, 2001.

마귈론 투생-사마, 이덕환 옮김, 『먹거리의 역사(상)(하)』, 까치, 2002.

쓰지하라 야스오, 이정환 옮김, 『음식 그 상식을 뒤엎는 역사』, 창해, 2002.

크리스토프 르페뷔르, 강주헌 옮김, 『카페의 역사』, 효형, 2002.

Bettane Michel, *Guide du vin*, Librio, 2001.

Ed McCarthy, *Le Vin*, IDG Books Worldwide, 2002.

Encyclopédie des fromages, Gründ, 1997.

Escoffier Auguste, *Le guide culinaire*, Flammarion, 1921.

Hubert Annie, *L'ABCdaire du gourmet*, Edition du club France Loisir, 1999.

Jean-Louis Flandrin, *Histoire de l'alimentation*, Fayard, 1996.

Michelin Le guide rouge, Michelin, 2003.

Plaisirs de la table en France, Mateu Cromo Artes Graficas, 1999.

Renard Jean-Claude, *La grande casserole*, Fayard, 2002.

Trésors de cuisine, Minerva, 1999.

프랑스엔 〈크세주〉, 일본엔 〈이와나미 문고〉,
한국에는 〈살림지식총서〉가 있습니다.

전자책 | 큰글자 | 오디오북

프랑스 미식 기행

| 펴낸날 | 초판 1쇄 | 2006년 | 9월 | 15일 |
| | 초판 4쇄 | 2020년 | 3월 | 17일 |

지은이	심순철
펴낸이	심만수
펴낸곳	(주)살림출판사
출판등록	1989년 11월 1일 제9-210호

주소	경기도 파주시 광인사길 30
전화	031-955-1350 팩스 031-624-1356
홈페이지	http://www.sallimbooks.com
이메일	book@sallimbooks.com

| ISBN | 978-89-522-0551-3 04080 |
| | 978-89-522-0096-9 04080 (세트) |

※ 값은 뒤표지에 있습니다.
※ 잘못 만들어진 책은 구입하신 서점에서 바꾸어 드립니다.